도시,
미래를 그리다

변병설 · 김선석 외 공저

목차

머리말 도시를 이해하는 순간, 삶의 방향이 새롭게 그려진다   7

제1장
도시, 정체성을 묻다   11

*"도시는 단순한 공간이 아니라,
사람들의 꿈과 기억이 쌓인 시간의 풍경이다."*

주얼리 시티를 꿈꾸다   12
강정희 | 미국 케롤라인대학교 철학과 교수

사랑받는 도시 vs 외면받는 도시   28
김선석 | 도시경제연구소장

사회개혁가들의 이상 도시   40
변병설 | 인하대학교 교수

민족과 부침을 같이한 도시, 마산   50
정경연 | 인하대학교 정책대학원 초빙교수

토지의 복합적 도시계획을 추구한 영국 리버풀의 전략   58
장기민 | 서울창업기업원 경영위원장, 경희대학교 외래교수

제2장
지속가능한 삶을 위한 도시 디자인 65

"도시는 살아 움직이는 유기체,
지속가능성은 그 생명을 지켜주는 힘이다."

소멸에서 생존으로, 지방을 살리는 생활인구의 방향 66
김남재 | 선강기업(주택건설업) 양촌농산원(농업경영체) 대표

춘천시의 지속가능한 축제를 위한 첫걸음 76
김태훈 | 한국환경공단

조급한 신재생에너지 정책이 경관에 미치는 부정적 영향 90
장윤승 | 씨엠공간디자인(주) 대표

쓰레기의 반란: 탄소중립 도시의 숨겨진 열쇠 98
정혜원 | 환경부 산하 수도권매립지관리공사

지속가능한 도시를 위한 녹색건축 인증제도의
통합적 정착 방안 연구 120
표순례 | 일송 조은 농원 대표

제3장
기술과 제도가 만나는 도시의 미래   129

"미래의 도시는 스마트함만으로 완성되지 않는다.
기술보다 사람이 먼저다."

5차 산업혁명의 문턱에서   130
박석규 | 인천도시공사 팀장, 인하대학교 대학원 겸임교수

금융 산업의 ESG 경영과 기후변화 대응   144
윤영선 | IBK 기업은행 도당중앙지점장

Air rights and Pencil towers in New York   158
임성철 | 정우개발 대표 & 신아주종합건설(주) 건축부이사

도시 상공의 가치: 공중권 법제와 한국의 개발 전략   168
서재증 | 타임종합건축사사무소 대표 건축사

새로운 도시계획의 패러다임: 비욘드 조닝이란 무엇인가?   176
최윤희 | 가람자산관리대표 / 매일뉴스 논설위원

제4장
도시에서 길을 찾다: 장소성, 실험, 그리고 회복   189

"사람의 이야기가 도시를 만든다.
도시의 회복은 그 이야기를 다시 꺼내는 일이다."

지역 활성화와 장소성 강화를 위한 도시 계획적 도구 활용   190
김승호 | 도시계획학박사, 건설 VE 전문가(CVP)

궁궐과 도시 빌딩 숲의 어메니티 조화   200
박순희 | 제나알앤디(주) 대표

공유수면 매립과 인천의 도시성장   212
박형균 | 인천도시공사 본부장, 인하대학교 겸임교수

세계의 롤 모델 지역공동체플랫폼, '서로 e음'의 성공 비결   228
변주영 | 인천광역시 경제특별보좌관(前 인천경제자유구역청 차장)

국가도시공원의 필요성과 해외 사례   236
신 담 | 엔에이치스마트시티개발(주) 개발부 이사

아파트 가격에 내재된 공원의 가치   242
왕인숙 | 머니우스 대표

인천의 해안가는 어디로 갔을까?   254
임정호 | 서울남부지방법원 집행관

머리말

도시를 이해하는 순간,
삶의 방향이 새롭게 그려진다

우리는 도시에서 살아간다. 많은 사람들은 도시를 '공간'이나 '건물'로만 생각한다. 그러나 도시는 시간이 겹겹이 쌓이고, 기억이 머무는 삶의 무대. 골목길의 빛바랜 간판, 시장 입구의 연기, 지하철역 앞의 사람들까지. 그 모든 것이 곧 도시이며, 우리 삶 자체다.

그렇다면 우리는 지금, 도시에 대해 얼마나 알고 있는가? 이 순간에도 우리는 도시 위를 걷고, 도시 안에서 사랑하며, 도시 속에서 살아간다. 그리고 이 도시가 앞으로 어떻게 바뀌게 될지에 대한 고민은 이젠 전문가들만의 몫이 아니다. 도시에서 살아가는 모든 사람의 몫이다.

《도시, 미래를 그리다》는 저자들이 직접 현장을 발로 뛰며 경험한 생생한 기록과 오랜 시간 쌓아온 도시계획 지식을 바탕으로 엮은 결과물이다. 도시를 연구하는 사람들이 함께 만든 이 책은 딱딱한 이론서가 아니라 도시에 대한 공감과 이해의 문을 여는 인문서이다.

도시는 왜 사랑받기도 하고, 때로는 외면당하기도 할까? 같은 도시 안에서도 어떤 지역은 활기를 띠는데, 왜 어떤 곳은 점점 쇠퇴해 갈까? 이 책은 그런 물음에서 출발한다. 아파트값은 공원 하나로 달라지고, 어떤 장소는 오래 기억되는데 어떤 곳은 금세 사라진다. 이 책은 그 모든 '왜'를 함께 묻고, 해답을 함께 찾아가는 여정이다.

지방 소멸, 탄소중립, 녹색건축, 스마트 도시, 생활 인구 전략, 경관 보전, 공중권, 도시공원과 삶의 질. 이 모든 이슈는 전문가만이 아닌 우리 모두 함께 생각해야 할 문제다. 도시를 제대로 이해하지 못하면 우리는 단편적인 정보에 휘둘리게 되고, 중요한 기회를 놓칠 수도 있다. 도시를 알고 싶은 이들, 혹은 살아가는 공간을 이해하고 싶은 이들에게 이 책은 유용한 나침반이 되어줄 것이다.

이 책은 총 4장으로 구성되어 있다.
제1장은 도시의 정체성과 기억을 탐색하며, 도시의 본질을 묻는다. 도시는 단순한 물리적 공간이 아니라, 시간의 흔적과 사람들의 꿈을 그리는 풍경이다. 이 장에서는 '사랑받는 도시와 외면받는 도시'의 차이를 비롯해, 역사적 사건과 민족적 서사를 품은 도시들의 정체성과 도시계획의 철학적 뿌리를 살펴본다. 주얼리 시티, 이상도시, 마산과 리버풀 사례를 통해 도시의 정체성에 숨겨진 의미를 되짚는다.

제2장 지속가능성과 환경 문제를 중심으로, 우리가 함께 만들어갈 도시의 조건을 제시한다. 지속 가능한 도시는 자연과 공존하며, 사람의 삶

을 오랫동안 지탱할 수 있어야 한다. 이 장은 탄소중립과 녹색건축, 재생에너지 정책의 이면, 쓰레기 문제 등 다양한 관점에서 생존을 위한 도시의 변화 방향을 제시한다. 생활 인구의 전략적 재구성을 통해 지방도시의 소멸 위기 속에서 새로운 가능성을 탐색한다.

제3장 기술과 제도가 결합된 현대 도시의 흐름을 읽어낸다. 스마트 기술과 도시제도가 맞물리며, 도시는 보다 정교하고 입체적인 시스템으로 진화하고 있다. 그러나 기술만으로 완성되는 도시는 없다. 결국 그 중심에는 '사람'이 존재해야 한다. 이 장에서는 ESG와 재해 대응, 공중권과 조닝, 펜슬 타워 등 기술과 제도의 결합 속에서 도시가 어떻게 미래를 설계할 수 있는지를 조망한다.

제4장 장소성과 회복, 그리고 실험적 접근을 통해 도시가 다시 살아나는 길을 모색한다. 도시는 회복되고 되살아날 수 있다. 그 열쇠는 '장소성'과 '사람의 이야기'에 있다. 이 장에서는 도시공원, 해안선, 공유수면, 지역 커뮤니티, 어메니티 등의 개념을 통해 공간의 본질과 기억을 되살리는 도시재생의 새로운 접근 방식을 소개한다. 궁극적으로 이 장은 사람과 장소가 다시 관계 맺는 과정을 도시의 회복으로 제시한다.

이 책에는 총 23편의 글이 실려 있다. 이 글들은 도시와 부동산을 입체적이고 균형 있게 이해할 수 있도록 돕는다. 도시를 구성하는 물리적 공간뿐 아니라, 그 속에 얽힌 사람, 시간, 정책, 기술의 연결성을 통찰할 수 있는 기회를 제공한다. 특히 이 책은 도시를 이해하는 과정을 통해 부동산에 대한 감각을 키우고, 나아가 투자 전략을 수립할 수 있는 시야를 갖추게 한다.

왜 어떤 지역은 미래의 중심이 되고, 어떤 지역은 사람들의 발길이 끊기게 되는가? 도시의 흐름을 읽는 눈을 갖게 되면 정책이 바꾸는 지형, 기술이 이끄는 가치, 사람이 모이는 공간의 방향성을 파악할 수 있다. 도시의 본질과 구조를 이해하도록 도움을 주고, 보다 정확하게 공간의 미래를 예측하고, 삶의 터전을 전략적으로 선택할 수 있게 한다.

아울러 도시가 왜 지금의 모습이 되었는지 궁금한 사람, 부동산의 이면을 알고 싶은 사람, 자신이 살아가는 공간의 가치를 새롭게 발견하고 싶은 사람, 그리고 도시의 흐름 속에서 투자 전략을 세우고 싶은 사람에게 훌륭한 길잡이가 되어줄 것이다. 또한 도시를 공부하는 학생들에게는 현장의 이야기가 살아 있는 교과서가 되어줄 것이다.

도시는 결코 고정된 구조물이 아니다. 계속해서 변화하고, 위기를 맞기도 하며, 다시 태어난다. 그리고 그 변화의 방향은 우리가 도시를 어떤 시선으로 바라보느냐에 따라 달라진다. 도시를 이해하는 것은 결국, 우리의 삶을 이해하는 일이다. 도시를 사랑하는 것은, 더 나은 삶을 설계하는 일이다.

이 책을 읽는 순간, 도시가 보이고 삶의 방향이 달라진다. 당신이 도시를 사랑한다면, 혹은 도시에서 살아가고 있다면, 당신의 삶에 깊이 있는 시선을 더해줄 것이다.

제1장

도시, 정체성을 묻다

> "
> 도시는 단순한 공간이 아니라,
> 사람들의 꿈과 기억이 쌓인 시간의 풍경이다.
> "

주얼리 시티를 꿈꾸다

강정희 | 미국 케롤라인대학교 철학과 교수

현재 미국 케롤라인대학교 철학과 교수, 서울시립대학교 평생교육원 교수, 주식회사 대양해드림(Ocean Sunshine Co.,Ltd)과 J&H Trading(J&H Jewelry)의 대표로 재직중이다. 한국기상청 지진 해일 강사, 대한노인회 자문위원, (사)정통풍수지리학회 명예회장을 역임하고 있다.

J&H Jewelry는 경영한지 42년이 된 회사이다. 패션주얼리, 커스텀주얼리 관련 기술특허와 디자인등록 의장등록 등 다수의 특허 기술력을 보유하고 있으며 일본 SOC Cosmetics 한국총판 일본 LookWell Accessories의 에이전시이다. 서울중소기업청장상, 올해의 신지식인상, 벤쳐기업 인증, 우수기업인상, 지식서비스 인증기업 등 현재 활발하게 활동하고 있다. 논문으로는 「풍수지리적요인이 부동산구매 선호도에 미치는 영향에 관한 연구」 -서울시 용산구 한남동을 중심으로- (석사), 「패션주얼리산업의 공간적 분포 및 클러스터에 관한 연구」 -강동구 성내동을 중심으로-(박사)가 있다.

* 이 글은 2020년 코로나가 온 세계에 퍼졌을 때 썼다.
　그때 우리 사회 분위기를 담았다.

지금 우리는 코로나19라는 바이러스로 인해 몇 년째 혼돈 속에서 살아가고 있다. 오랜 기간 해외 출장을 미루다 보니 바이어들과의 커뮤니케이션이 원활하지 않고, 모든 일들이 더디게 돌아가고 있다. 새로운 유행을 창출하는 패션 주얼리 시장도 위축된 상황이다.

오랜만에 일본 시장 조사를 위해 출장을 다녀왔다. 코로나 검사로 인해 오사카 공항에서 2시간이나 대기해야 했다. 전반적인 불편함 속에서도 그럭저럭 일을 마치고 돌아왔다. 주얼리 산업은 사진보다 실물을 직접 보며 대화를 나누는 것이 비즈니스로 연결되기 쉬운 분야다. 아직도 아날로그적인 방식이 중요한 시장이라고 할 수 있다. 과거를 돌아보면, 30년 전, 아니 40년 전부터 나는 큰 가방 두 세 개에 악세서리 샘플을 가득 담아 김포공항을 통해 해외로 직접 오더를 받으러 다녔다. 적어도 한 달에 한 번 이상 해외 출장을 갔던 것 같다. 새벽 공기를 맞으며 공항에 도착해 수속을 마치고 첫 비행기를 타고 낯선 해외로 향하곤 했다. 가까운 일본은 물론, 유럽까지도 각 계절마다의 유행과 변화에 맞추어, 혹은 바이어들의 요청에 맞춰 디자인하고 세상에 막 태어난 하나뿐인 우리만의 신제품 샘플을 밤새 연구하고 만들었다 그 귀한 몸값의 샘플들을 들고 바삐 움직였다.

한 달동안 연구 개발한 수백 가지의 샘플을 내 키만 한 가방에 가득 담고 세계의 곳곳을 다니며 주문을 받고, 한국으로 돌아와서는 열심히 제작하고 수출하였다. 패션의 선두주자로서 자부심을 가졌고, 무역인으로서 긍지를 품으며 눈코 뜰 새 없이 바쁘게 지냈던 시절이었다. 힘들었지만 희망과 긍지가 넘치는 날들이었다.

이제는 그랬던 패션주얼리를 우리가 디자인과 생산과 판매의 종주국이 되어 주얼리 관광이라는 상품을 도시계획에 반영하여 봄직 하다는 포부를 가져본다. 내가 그랬듯이 큰 가방에 자기들 나라에서 만든 패션주얼리 샘플들을 가득 들고 상담하러 오는 메이커들을 우리나라 각 지방에서도 샘플을 맞이하며 구매를 하기도하고 그 전과같이 디자인하고 제작하고 전시회가 상시 열리는 지역과 관광지를 답사하는 것처럼 패션주얼리와 어울어진 주얼리시티를 관광할 수 있는 복합적 차원의 주얼리시티를 꿈꾸어 보는 것이 어떨까 생각하며 "주얼리시티를 꿈꾸다"를 주제로 어설픈 글솜씨이나마 용기 내어 보기로 하였다.

주얼리(귀금속)와 패션주얼리의 차이는 무엇일까?

주얼리는 금, 은, 보석과 같은 고부가가치 소재를 정교하게 세공하여 제작하는 제품이다. 주요 소비층은 중년 이후 세대로, 예물이나 소장품을 대상으로 한 귀금속 제품에 속한다.

반면 패션 주얼리는 유행과 패션에 민감한 중저가 브랜드로, 젊은 층이 선호하는 '패션 트렌드' 아이템이라고 할 수 있다. 이러한 패션 주얼리는 내수 시장뿐만 아니라 수출 산업에서도 각광받을 가능성이 크다는 점에서 의미가 있다. 주얼리와 패션 주얼리의 생산 방식을 비교하면 [표 1-1]과 같다.

[표 1-1] 주얼리와 패션주얼리의 생산방식 비교(강정희, 2019)

주얼리(귀금속)	패션주얼리
• 귀금속 관련	• 모조장신구, 관련패션용품, 패션악세서리, 커스텀주얼리
• Hand made, 소량생산	• 각 공정 분업화 주문 다량생산
• 주조(Casting)기법	• OEM방식의 Casting기법
• 소량 생산체제	• 원심주조 대량생산체제 가능
• 고가정책 • 종류: 보석류 (14K, 18K, 24K, 진주, 오팔, 다이야몬드, 루비, 사파이어, 옥, 산호석 등 기타 진품의 귀금속 등)	• 중저가 정책 • 종류: 준보석 또는 도금을 한 장신구류 (헤어 악세서리, 목걸이, 팔찌, 발찌, 귀걸이, 키고리, 체인벨트, 의류악세서리, 가방악세서리, PET용품, 기타모조 장신구, 차량용악세서리 등)

주얼리 시티

[그림 1-1] 주얼리시티를 꿈꾸다(고베루미나리 2024)
고베 루미나리에는 1995년 한신- 아와지 대지진의 복구 상징으로 시작되었다.
마치 주얼리시티의 화려함을 말하듯 하며 도시의 상징처럼 보석과 패션주얼리로도 크게 발전한
도시라고 할 수 있다. (사진 출처: hittps://ko actvity japan.com)

고베 루미나리에는 1995년 한신- 아와지 대지진의 복구 상징으로 시작되었다. 마치 주얼리시티의 화려함을 말하듯 하며 도시의 상징처럼 보석과 패션주얼리로도 크게 발전한 도시라고 할 수 있다.

일본의 동경 대동구 강동구(坮東區 江東區)오사카의 다마츠쿠리(玉造), 그리고 고베에는 보석 국제 전시장이 있기도 하다. 이와 같이 일본에 패션 주얼리의 메카가 있다면 우리나라에도 주얼리의 역사와 걸맞는 탄탄한 기반의 패션주얼리의 메카가 있다 서울시 강동구 성내동이 그런 곳이다. 일본 동경의 강동구와 서울의 강동구가 그 이름이 같고 한자도 일

치하며 도시가 강을 끼고 있고 그 동쪽에 위치하고 있다.

 선사시대의 유적지에서도 나타나는 현상인데 삶의 주거인 양택지는 따듯한 동쪽이나 남쪽의 구릉 지역과 물의 흐름 즉 유속이 느리고 강물이 휘감아 도는 지형이 있는 곳이었다. 그리고 이런 곳에 사람들이 모여 살았고 그 지역에서는 물자의 흐름도 용이하였으며 여유로움이 묻어나는 곳 바로 그곳에서 장신구가 만들어지지 않았을까 생각되는 부분이기도 하다.

 한국의 패션주얼리 산업집적의 역사는 70여 년 전으로 거슬러 올라갈 수 있다. 서울시 광진구 중곡동은 가구거리가 있고 그 뒷골목 전체에 악세서리 재료상과 공장들이 30여년간 성업을 이루고 있었다 1970년대부터 1970년대까지는 수백여개의 재료상과 공장 공방 조립장들이 넓게는 면목동 상봉동에서 구리 하남시 강동과 잠실에 이르는 곳까지 무역회사와 조립장들이 있으며 많은 사람이 패션주얼리 산업에 종사하고 있었다. 그 설명은 그동안 행정자치와 패션주얼리산업의 클러스터를 보면 알 수 있다. (패션주얼리 산업의 공간적 분포 및 클러스터에 관한 연구2019)

 이후 1990년대에 장신구조합이 강동구 성내동에 생기고 중곡동일대의 자재상들이 이전하여 오늘날까지 강동구 성내동 일대가 패션주얼리의 메카가 되었다. 현재는 중국과 베트남 등의 저비용인력활용으로 인건비 중심인 산업의 기술이전과 해외조립으로 한국의 임가공비의 상승을 이겨내고 있는 실정이다 자재상과 공방과 공장들이 많이 줄어든 상황이지만 지금도 여전히 패션주얼리의 뿌리를 이어 나가고 있다.

행정기관에서는 아직도 그때의 자료들을 제공하여 주고 있어서 그때당시의 권장산업이였고 산업의 경제에 경제적으로 부가가치를 주고 주민들에게 있어서 부업은 가계에 도움을 주었다는 것을 짐작할 수 있다.(강동구 성내동은 1999년 9월4일 "장신구 특화구역으로 지정" :위치는 서울 강동구 545-6 일대)

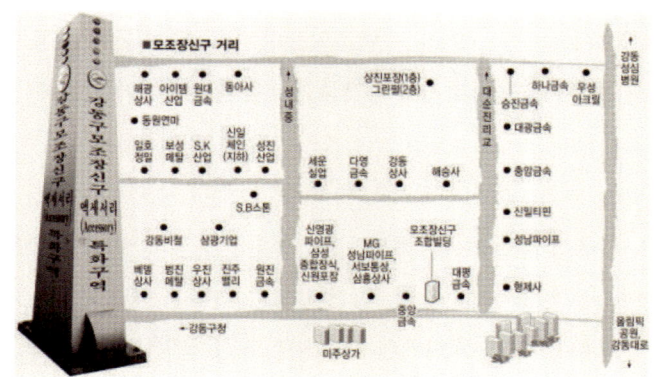

[그림1-2] 강동구 성내동 장신구 "장신구 특화구역으로 지정" 됨.
(위치는 서울강동구 545-6 일대)특화거리 지정: 1999년 9월4일

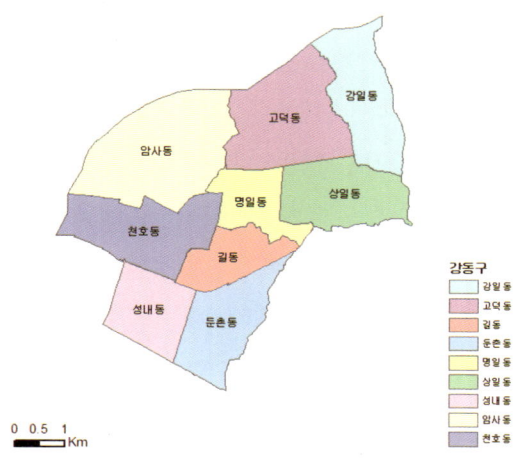

[그림 1-3] 패션주얼리 연구지역 현황도(강정희, 2019)

주얼리(귀금속)와 패션주얼리를 중심으로하는
특화 거리를 조성하는 것이 필요하다.

 과거 서울의 중곡동, 면목동, 상봉동, 풍납동, 강동구일대, 그리고 넓게는 하남시신장동 거여동 가락동 잠실까지 패션주얼리가 밀집했던 시절이 있었다. 당시에는 집 안에서, 혹은 여름이면 집 밖 마당에 나무로 만든 평상에 앉아서 가족 또 이웃끼리 악세서리 부업을 하느라 손놀림이 바쁜 시절이었다. 그때의 장인들은 이제 60~70대의 어르신이 되었지만, 여전히 눈감고도 척척 오링, 씨링, 구짜말이 작업의 달인들이다.

 그러나 현재 이 산업은 점점 사라져가고 있다. 과거에는 샘플을 디자인하고, 부품을 생산하고, 여성의 섬세한 손길로 조립하며, 고품질의 도금과 땜질, 광택까지 담당했다.

 한국은 세계적으로 다양한 특허를 보유한 목걸이와 팔찌 등에 사용하는 체인 생산국이며, 체인을 절단하고, 색을 입히는 에폭시 작업도 우수한 기술력을 갖추고 있다. 스톤이나 진주를 붙이는 본딩 작업까지 이 산업의 중요한 기능이였으며 패션주얼리의 완성도에 기여하는 조립의 기본이 되는 요소들이었다.

주얼리 시티

[그림 1-4] 이태리의 주얼리시티 피렌체 몬테베끼오다리
축산물유통지의 오폐수지역을 도시재생하여 아름다운 보석상밀집단지로 탄생한
아르노강 위의 보석상거리 (사진 출처: Lucy2017, blog.naver.com)

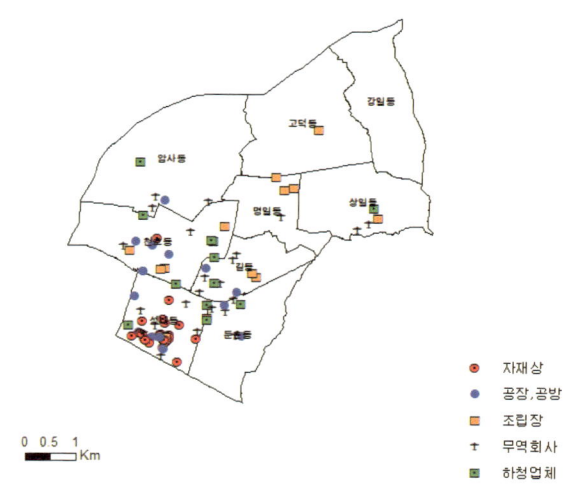

[그림 1-5] 강동구 패션 주얼리 사업체 입지 현황(강정희, 2019)
패션주얼리의 집적은 위와 같이 분포되어 서로의 업종이 형성되어 있으며
상호 밀접한 관계를 가지고 교류하고 있다.

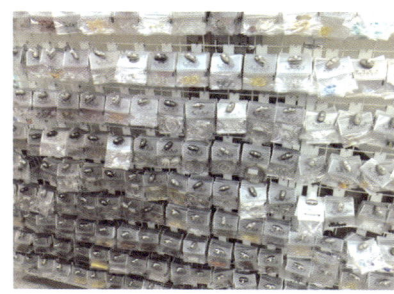 

[그림 1-6] 패션주얼리 부품 도매상

[그림 1-7] 패션주얼리 완성품(금속분야)

 이러한 산업이 한곳에 모여 클러스터를 형성하면서 새로운 주얼리 산업 도시로 발전할 수 있다. 개인 주택의 일부를 개조하여 공방을 만들고, 1층을 활용한 부품상과 관광상품의 매장을 운영하는 것도 좋은 방법이다.

 더 나아가, 건물 전체를 활용하여 생산, 공방, 사무실, 상담실, 판매장을 포함한 복합 공간을 조성할 수도 있다. 예를 들면, 지하에서는 부품을 생산하고, 1층에는 공방 카페를 운영하여 고객이 직접 체험하고 구매할 수 있도록 한다. 2층에는 쇼룸과 사무실을 배치해 국내외 바이어들과 상담이 이루어지는 공간을 만들 수 있다. 유리 인테리어를 활용하여 개방적인 분위기를 조성하면, 생산 과정과 판매 과정이 하나로 연결되는 공간이 탄생할 것이다.

이와 같이 복합적 업종간의 공간이 조성된다면, 바이어들과 생산자 관광객과 개인구매자들의 유입은 물론 주얼리 산업 종사자와 소비자가 모두 함께 어우러지는 '주얼리시티'가 형성될 수 있을 것이다.

패션 주얼리는 품질의 정확성, 가공 기술의 정밀성, 창조적인 디자인, 그리고 소재의 아름다움이 조화를 이루어야 비로소 그 가치를 인정받는다. 이를 위해서는 끊임없는 연구개발과 사계절을 앞서가는 디자인 창출이 필수적이다. 또한, 사라져가는 복고 스타일을 수집하고 보존하는 박물관을 설립하여 연구하면 과거와 현재가 조화를 이루는 새로운 디자인이 탄생할 수 있다.

패션 주얼리 산업의 입지 특성을 살펴보면, 작업 공정을 고려하여 성내동을 중심으로 원형 형태의 클러스터를 이루며 상호 연계성과편의성을 도모하는 구조를 띠고 있다. 이러한 산업 구조는 효율적인생산체계를 가능하게 하며, 지속적인 발전을 유도할 수 있다.

1995년 1월 17일, 일본 고베에서 한신·아와지 대지진이 발생했다.

그 후 빠른 경기 회복과 함께 재건이 진행되었으며, 희망과 연대를 상징하는 고베의 축제가 열렸다. 나 역시 그 자리에 있었다. 도시는 보석 같은 티아라와 네온조명으로 빛났고, 거리마다 주얼리를 연상시키는 장식이 가득했다. 당시 나는 주얼리시티의 가능성을 떠올리며, 새로운 희망으로 다시 태어나는 고베의 모습을 보았다. 그 이후 고베는 명품 거리와 아름다운 건축물이 조화를 이루는 도시로 변모했다. 현재도 나는 그곳에 패션 주얼리를 수출하고 있다.

일본을 방문할 때마다 나는 고베의 축제를 떠올리며, 악세서리 시장과 여러 회사들을 찾는다. 명품 주얼리시티로 변모한 이곳은 주얼리와 패션을 결합한 희망의 상징이 되었으며, 나에게도 주얼리시티라는 꿈을 심어주었다. 앞서 언급한 일본 도쿄에는 강동구(江東區)와 대동구(埝東區)라는 지역이 있는데, 공교롭게도 이곳이 패션 주얼리의 중심지로 자리 잡고 있다. 대동구 아사쿠사바시라는 지역에서는 다양한 전시회가 연중 열리고 있으며, 개별 회사들이 운영하는 전시회 또한 많아 악세서리의 천국이라 불린다. 역사적으로도 우리나라보다 깊은 전통과 상품성을 갖추고 있는 곳이지만, 현재 판매되고 있는 상품 중 절반 이상이 한국 제품이다.

우리나라 주얼리 산업의 강점은 금속, 체인, 부품 분야에서 다수의 특허를 보유하고 있으며, 원단 산업에서도 품질과 다양성 면에서 우수성을 자랑한다는 점이다. 또한, 정교한 조립 기술을 보유한 숙련된 장인들과 해외 시장에 대한 적응력이 뛰어난 인력이 풍부하다. 이러한 요소를 종합하면, 한국이 세계에서 악세서리 산업의 중심지로 자리 잡을 충분한 잠재력을 갖고 있다고 할 수 있다.

 패션 주얼리 산업은 주로 수공예 작업으로 이루어진 무공해 산업이다. 따라서 기존 산업지역을 보존하며 도시생태계와 공존하는 형태의 도시재생이 필수적이다. 우리나라가 패션주얼리 산업의 본고장으로서의 위상을 유지하려면, 기반 체계를 구축하고 클러스터별로 공간적 입지를 고려하여 보다 효율적인 생산의 및 유통 구조를 마련해야 한다. 이를 위해 해외 장신구산업의 노하우를 벤치마킹하고, 산업규모의 확대를 위한 예산과 행정적 지원이 필요하다. 또한, 국가적 차원의 관심과 전략적 지원이 뒷받침되어야 한다.

 이 산업은 사회적 가치를 창출하는 역할도 수행할 수 있다. 예를 들어, 사회취약계층과 고령 인구의 일자리 창출을 도모하고, 사회적 기업과 공동체 발전 방향을 모색하는 것이 필요하다. 협동조합과 같은 자구책을 마련하면 지속 가능한 산업으로 자리 잡는 데 도움이 될 것이다. 발전방안으로는 다음과 같은 구체적인 접근이 가능하다.

첫째, 주얼리의 역사와 문화를 조명하는
주얼리 역사박물관을 설립하는 것이다.

 이를 통해 지식을 얻고 패션주얼리의 역사 인식으로 인하여 자국민의 자부심을 가지도록 하며 단순한 제품 창조뿐만 아니라, 자재상과 공방, 무역회사 등이 사업의 방향을 습득하고 발전해 나가는 원동력이 될 수 있다고 본다.

**둘째, 공공기관과 컨벤션 센터를 활용하여
계절마다 패션 주얼리 뉴디자인 전시회를 개최하는 것이다.**

　세계 각국의 상인과 바이어를 유치할 수 있는 다양한 이벤트를 마련하면 산업 경쟁력을 높이는 데 도움이 될 것이다. 참고로 일본에서는 지자체가 마을의 공회당 문화센터 구청 등의 건물을 제공하고 업계의 모임 (TSK, NFJ) 등의 업계협찬 등으로 매년8회 이상의 전시회를 개최하며 많은 바이어들이 몰려들고 신제품의 발표도 발빠르게 움직여가고 있다.

셋째, 각 분야별 전문적인 거리 조성을 하는 것이다.

- 공방의 거리(주문과 개발 바이어상담 새로운 공법의 개발가능)
- 조립장과 DIY의 거리(나만의 장신구, 소수 판매자, 고퀄리티제품 판매자)
- 쇼핑의 거리(관광객 사업자들의 아이디어)
- 예를 들면 하나의 건물에서 패션주얼리의 모든 것을 판매하는 전문샵(1층: 토들러 아동용 악세서리 | 2층: 취학아동 저학년에서 6학년생까지 | 3층:중학생 고등학생 | 4층: 하이틴 | 5층: 중년층 | 6층: 노년층 | 7층: 펫 애견 | 8층: 자동차악세서리 전용)

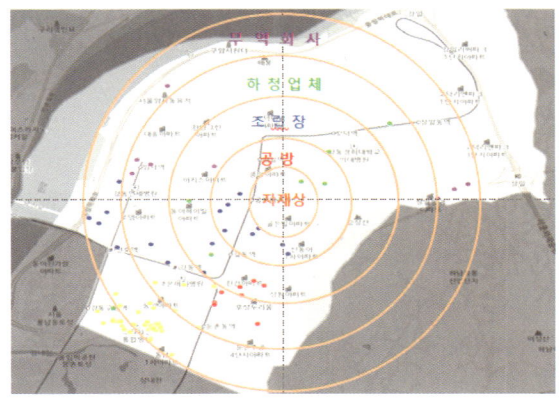

넷째, 자재상의 거리를 조성한다.

현재의 성내동은 자재상만 150여 개 정도가 성업중에 있다. 거기는 한국산부자재와 중국에 공장을 가진 회사들이 각종 자재와 부자재들을 판매하고 있으며 부자재 판매시 간단한 절단 본딩 조립을 하는 조립장들이 주변에 200여 개 이상의 회사들이 공생하고 있는 현상이다. 이런 자재상과 연관된 업무는 근처에 형성해야만 물류와 비용의 간편성을 보장한다고 생각한다.

다섯째, 연구소의 설립이 필요하다.

주얼리시티의 해외 수출을 활성화하기 위해 각 국가별 기후, 역사, 문화, 취향 등을 연구하고 이에 맞춘 전략을 수립해야 한다. 이를 위해 전문가의 연구와 제안이 필수적이다. 국내에서도 주얼리시티 개발을 위한 다양한 접근이 가능하다.

- 원도심을 활성화하는 주얼리시티
- 공항을 거점으로 한 물류형 주얼리시티
- 마을 공동체와 연계한 주얼리시티
- 관광객 유치를 위한 테마형 주얼리시티(루비, 사파이어, 에메랄드, 진주)등 다양한 모델적용

이러한 시스템을 체계적으로 구축하면, 향후 해외 수출 사업으로 발전시킬 가능성이 충분한 산업이라고 본다.

지속 가능한 주얼리시티를 탄생시키고 유지한다는 것은 국가적으로는

부가가치의 창출이 될 것이며 지역문화의 협동과 발전의 동력이 될 것이라 본다.

나는 오늘도 깊은숨을 들이마시며, 마치 장미공원을 거니는 것처럼 아름다운 주얼리시티를 꿈꾼다.

사랑받는 도시 vs 외면받는 도시

김선석 | 도시경제연구소장

도시계획학 박사로서 도시와 부동산 분야에 연구와 현장 실무를 갖췄다. 인천광역시청에서 공직 생활을 시작, 연수구청 도시계획과장을 역임했다. 정년퇴직 후에는 연수구 도시재생현장지원센터장으로 주민과 함께 삶의 공간을 재창조했다. 시민을 위한 공직자의 공로로 구청장상, 광역시장상, 장관상, 국무총리상, 대통령상, 녹조근정훈장을 수상했다.

현재 도시경제연구소장으로 언론사에 도시와 부동산 분야의 칼럼을 연재하고 있다. 저서 『내 인생을 바꾸는 공부법』에서는 삶을 변화시키는 효과 높은 공부 방법을 전하고 있다.

도시의 본질과 양극화

문명의 무대, 도시의 진화

　도시는 인류 문명의 산물이다. 동시에 문명을 이끄는 원동력이다. 농경 사회의 등장은 인간의 정착을 가능하게 했고, 정착은 마을과 도시의 탄생으로 이어졌다. 시간이 흐르면서 도시는 단순한 생활 터전을 넘어 정치와 경제, 사회와 문화의 중심지로 성장해 왔다.

　오늘날 우리는 그 어느 때보다 심화된 도시 집중 현상을 체감하고 있다. 2024년 기준, 세계에서 가장 많은 인구가 모인 도시는 일본의 도쿄로, 약 1,400만 명이 거주하고 있다. 서울도 약 960만 명으로, 세계 도시 순위에서 29위를 기록했다. 이러한 수치는 단순한 인구 통계를 넘어, 도시가 인간의 삶을 지배하는 가장 강력한 공간으로 진화했음을 보여주는 증거이다.

　이러한 도시 집중은 단순히 우리나라만의 문제가 아니다. 전 세계적으로, 특히 개발도상국을 중심으로 도시화는 가속화되고 있다. 사람들은 더 나은 교육, 양질의 일자리, 풍부한 문화와 소비 기회를 찾아 도시로 이동한다. 그중에서도 대도시로의 집중은 더욱 뚜렷하다. 대도시는 다양한 인프라와 복합적 기능을 갖춘 공간이며, 삶의 질을 높일 수 있는 잠재력을 지닌 곳이기 때문이다.

도시 집중과 양극화의 그림자

하지만 이처럼 매력적인 도시의 이면에는 심각한 문제가 숨어 있다. 바로 '양극화'라는 구조적 갈라짐이다. 대도시는 자원이 집중된 만큼 풍요로움을 안겨주지만, 동시에 그 자원에 접근할 수 있는 기회는 불균형하게 배분되고 있다. 그 결과 새로운 형태의 불평등이 도시 안에서 자라나고 있다. 소득이 높은 계층은 도시의 핵심 공간을 차지하며, 질 높은 교육과 의료 서비스를 누리면서 안정된 삶을 이어간다. 반면 저소득층은 점점 도시의 외곽으로 밀려나고, 주거의 질과 생활환경에서도 큰 격차를 겪는다. 이러한 격차는 시간이 갈수록 고착화되고, 결국 도시 내부의 갈등으로 이어진다.

이러한 양극화는 도시 내부에만 국한되지 않는다. 도시 간의 격차 또한 점점 더 뚜렷해지고 있다. 인구와 산업이 몰리는 대도시는 계속해서 성장하고 있지만, 중소도시와 농촌 지역은 쇠퇴와 인구 유출이라는 이중고에 시달리고 있다. 삶의 기회가 줄어드는 지역에서는 젊은 층이 떠나고, 지역 경제는 활력을 잃어간다. 대도시와 비(非)대도시 간의 자원 격차는 갈수록 벌어지고 있으며, 이로 인해 국토 전체의 균형 있는 발전이 위협받고 있다. 이는 단순한 지역 차원의 문제가 아니라, 국가 차원의 지속가능성을 가로막는 심각한 구조적 문제로 작용하고 있다.

생명체로서의 도시, 성장과 쇠퇴의 갈림길

도시는 하나의 생명체와도 같다. 활력을 지닌 도시는 끊임없이 새로운 인구와 자본을 빨아들이며 활발한 교류와 창의적인 혁신의 무대가 된다. 반면, 생기를 잃은 도시는 점차 제 기능을 상실하고, 인구가 줄어들며 쇠퇴의 길로 접어든다. 실제로 국내외 수많은 도시들이 한때의 번영을 뒤로한 채, 텅 빈 거리와 단절된 공동체를 남긴 채 조용히 사라지고 있다.

이제 우리는 스스로에게 물어야 한다. 도시란 과연 무엇인가? 단지 사람들이 모여 사는 공간인가, 아니면 인간의 욕망과 가능성이 가장 농밀하게 펼쳐지는 무대인가? 도시의 크기와 속도만을 추구하는 지금의 방식은 과연 올바른 방향인가?

오늘날과 같은 대전환의 시대에 우리는 도시의 본질에 대해 근본적으로 성찰해야 한다. 그리고 그 위에, 모두를 품을 수 있는 지속 가능하고 포용적인 도시의 미래를 새롭게 설계해야 할 때이다.

사랑받는 도시의 조건

즐길 수 있는 도시가 사랑받는다

도시는 왜 어떤 곳은 사람들로 북적이고, 또 어떤 곳은 아무리 정책과 투자를 쏟아도 활력을 되찾지 못하는가? 이것은 단순히 도시의 크기나 지리적 입지의 문제가 아니다. 도시가 사람에게 무엇을 제공하고, 또 어떤 가치를 지향하는가에 대한 근본적인 질문으로 귀결된다. 다시 말해, 사랑받는 도시와 외면받는 도시의 차이는 도시의 '환경'에 달려 있다. 환경이란 물리적 조건뿐 아니라, 사회적·문화적 맥락까지 포괄한다.

사람들은 본능적으로 '즐길 수 있는 도시'를 원한다. 여기에는 세 가지 핵심 요소가 있다. 바로 먹거리, 볼거리, 그리고 놀거리다. 이 세 요소는 단순한 오락이나 소비를 넘어, 도시가 사람들과 관계 맺는 방식을 상징한다. 먹거리는 지역의 정체성과 역사, 그리고 공동체의 삶을 반영한다. 볼거리는 도시의 시각적 매력과 문화적 풍요를 의미하고, 놀거리는 도시가 사람들에게 여유와 활력을 제공할 수 있는 공간적 여유를 뜻한다. 이 세 가지가 조화를 이루는 도시는 자연스럽게 사람을 끌어당기고, 머무르게 하며, 다시 찾게 만든다.

사람을 위한 도시환경이란?

결국 도시는 '사람이 모이는 곳'이 되어야 한다. 사람이 모이는 도시야말로 진정한 사랑받는 도시이며, 도시의 존재 이유는 그곳에서 살아가는 사람들의 삶의 질을 높이는 데 있다. 그렇다면, 어떻게 사람을 모이게 할 것인가? 그 해답은 쾌적한 생활환경, 생동하는 문화예술, 그리고 안정된 일자리에 있다. 이는 단지 물리적인 인프라를 제공하는 것을 넘어, 도시가 사람의 삶에 감동을 줄 수 있을 때 가능한 일이다.

쾌적한 환경이란 단지 녹지가 많고 공기가 맑다는 의미를 넘어서야 한다. 그것은 도시의 구조가 사람 중심으로 짜여 있고, 보행이 즐겁고, 이웃과 소통할 수 있는 열린 공간이 많다는 뜻이다. 문화예술이 숨 쉬는 환경은 도시의 일상 속에 창조성이 스며들어 있다는 것이고, 이는 단지 대형 공연장이나 미술관의 유무가 아니라, 작은 골목과 거리에서도 예술과 표현이 자유롭게 오갈 수 있음을 의미한다. 그리고 일자리는 도시의 지속 가능성을 결정짓는 가장 핵심적인 요소로, 지역 기반의 안정적 고용과 청년을 위한 창업 생태계, 그리고 사회적 약자에게도 기회가 열려 있는 구조가 필요하다.

도시재생은 사람을 향해야 한다

이러한 도시 환경은 자연적으로 만들어지지 않는다. 의도적이고 통합적인 계획과 정책, 그리고 시민과의 협력이 필요하다. 도시재생, 주거환경 개선, 재개발은 그 핵심 도구이자 수단이다. 단, 이 과정이 개발 논리로만 흐를 경우, 또다시 원주민의 내쫓기와 공동체 붕괴라는 부작용을 낳을 수 있다. 그러기에 물리적 정비와 함께 문화적 재생, 사회적 회복이 병행되어야 한다. 도시계획은 기술이 아니라, 사람을 위한 인문학이어야 한다.

한국 사회 역시 인구감소와 지방 소멸이라는 심각한 위기를 맞이하고 있다. 지금이야말로 도시가 단순한 성장의 도구가 아니라, 사람의 삶을 품는 공간으로 거듭나야 할 때이다. 사랑받는 도시는 거창한 규모나 화려한 외관에서 오는 것이 아니다. 일상의 공간에 담긴 섬세한 배려, 지역의 이야기를 품은 골목, 누구에게나 열린 광장에서부터 시작된다. 도시가 사람을 향해 다가갈 때, 사람도 그 도시에 마음을 연다.

골목길, 도시의 정서가 흐르는 공간

골목이 들려주는 도시의 이야기

　도시는 외형으로만 존재하지 않는다. 도시의 진짜 얼굴은 도심의 마천루가 아니라, 그 틈 사이를 누비는 골목길과 사람들의 일상에 있다. 우리는 종종 도시를 이야기할 때 화려한 개발, 거대한 인프라, 글로벌 기업의 본사 유치 등을 떠올리지만, 정작 사람의 발걸음이 머무는 곳은 그런 위용보다는 작고 낡은 공간, 즉 '골목'이다. 골목길은 도시의 속살이며, 가장 인간적인 공간이다. 도시가 사랑받는 길은, 바로 이 평범한 공간에 대한 이해와 존중에서 시작된다.

　20세기 후반 미국의 도시비평가 제인 제이콥스(Jane Jacobs)는 『미국 대도시의 죽음과 삶』에서 도시계획이 얼마나 비인간적이고 권위주의적일 수 있는지를 고발하면서, 도시의 생명력은 '작은 거리, 다양한 사람, 오래된 건물, 복잡한 골목'에서 비롯된다고 주장했다. 그녀가 강조한 '자생적 질서(spontaneous order)'는 바로 골목과 이웃 간 관계에서 발생하는 미시적 움직임을 가리킨다. 무작정 허물고 새로 짓는 도시 정비가 아니라, 오래된 것과 새로운 것이 어우러진 공간의 지속성과 융합에서 도시의 진정한 경쟁력이 자란다는 통찰이었다.

골목에서 피어나는 경제와 문화

　그 이후 수많은 도시 이론가들과 도시재생 전문가들은 골목이라는 공간을 단순한 통로가 아닌, 도시 정체성의 보고(寶庫)로 재해석해 왔다. 연세대학교 모종린 교수는 『골목길 자본론』에서 골목의 경제적 잠재력을 강조하며, 골목상권은 외부 대형 자본이 쉽게 들어올 수 없는 독자적 생태계를 형성하고 있으며, 이로 인해 지역 경제의 자생력을 키울 수 있는 기반이 된다고 분석했다. 그는 골목이 곧 도시의 마지막 프런티어이자, 그 도시가 얼마나 사람 중심적인지를 드러내는 지표라 말했다.

작고 낡은 공간이 주는 감동

실제로 성공적인 골목길 사례는 국내외를 막론하고 다수 존재한다. 서울 종로구의 서촌마을이 대표적이다. 조선시대의 흔적이 남아 있는 오래된 골목길과 현대적 감각이 더해진 아기자기한 가게들은 과거와 현재를 연결하고, 사람들로 하여금 그 공간을 '경험'하게 만든다. 골목은 단순히 물리적 공간이 아니라, 이야기의 흐름이고, 감성의 통로이며, 공동체의 기억을 담는 그릇이다. 서촌의 작은 카페 앞에서 줄을 서서 기다리는 이들의 발걸음은, 자본이 아니라 정서가 만들어낸 도시의 사랑받는 풍경이다.

골목의 가치는 문화적이고 경제적인 측면에만 머물지 않는다. 그것은 또한 사회적 치유의 공간이기도 하다. 대규모 아파트 단지나 복합 상업 시설이 줄 수 없는 '작은 만남', '우연한 인사', '자연스러운 마주침'이 골목에서는 가능하다. 이 모든 요소는 사회적 신뢰를 회복시키고, 이웃 간의 관계를 회복하는 데 기여한다. 도시가 점점 익명화되고 개인화되는 시대에, 골목은 다시금 공동체를 되살리는 숨겨진 거점이 될 수 있다.

이처럼 골목길은 도시의 가장 작고 사소한 공간처럼 보이지만, 오히려 그 속에 도시가 살아 숨 쉬는 조건들이 집약되어 있다. 도시를 경쟁력 있게 만들고, 사랑받는 공간으로 탈바꿈시키기 위한 전략은 어쩌면 더 크고 화려한 것이 아니라, 더 작고 섬세한 것을 들여다보는 데서 시작될지 모른다. 도시의 본질은 결코 콘크리트로 이루어진 건축물이 아니라, 그 사이를 걷는 사람들의 발자국이며, 그들이 나누는 인사와 시선, 냄새와 소리에 있다.

골목은 도시의 과거이자 현재이며, 또한 미래다. 우리가 진정 사랑받는 도시를 만들고자 한다면, 도시의 중심에서 한 발 물러서서, 도시의 가장자리에서 중심을 다시 발견해야 한다. 도시의 경쟁력은 외부의 투자나 일시적인 이벤트가 아닌, 그 도시만의 고유한 리듬과 이야기를 품은 '골목의 자취' 속에 숨어 있다.

미래 도시의 길, 감성의 설계

도시 경쟁의 새로운 기준: 감성의 울림

우리는 지금, 도시의 운명이 갈리는 변곡점에 서 있다. 인구감소, 고령화, 수도권 집중, 지방 도시의 쇠퇴와 같은 문제들은 더 이상 미래의 예측이 아닌 현재의 현실이다. 도시 간 경쟁은 더욱 치열해지고 있으며, 사람들은 단순히 '살 수 있는 도시'를 넘어 '살고 싶은 도시'를 찾고 있다. 이처럼 도시가 사랑받기 위해서는 이제 과거와는 다른 방식의 사고와 접근이 필요하다. 도시의 성공은 더 이상 규모나 속도에 있지 않다. 핵심은 '어떻게 고유성을 지켜내고, 사람의 마음을 붙잡는가'이다.

그렇다면 사랑받는 도시란 무엇인가? 그것은 사람의 감정을 움직이는 도시다. 추억이 머물고, 이야기가 자라고, 낯선 이도 환영받는 공간이 존재하는 도시다. 눈에 띄는 마천루보다, 골목의 오래된 담장에 피어난 덩굴꽃이 사람들의 발걸음을 멈추게 할 수 있는 곳. 바로 그런 도시에 사람은 이끌린다. 기술과 자본은 도시의 뼈대를 만들 수 있지만, 도시의 영혼은 그 속에 살고 있는 사람들과 그들이 빚어내는 일상에 있다.

이제 도시계획은 단순한 토지이용의 배치나 물리적 개발의 기술이 아니라, 삶을 설계하고 감성을 기획하는 작업이 되어야 한다. 우리는 과거처럼 대규모 개발로 지역을 되살리겠다는 일방적 방식에서 벗어나야 한다. 그보다는 지역의 정체성을 발굴하고, 작은 공간에 숨겨진 가능성을 되살리는 '세밀한 도시계획', 다시 말해 사람의 시선과 속도로 도시를 바라보는 태도가 절실하다. 사랑받는 도시란 결국, 사람의 마음을 이해하고 품을 수 있는 도시다.

지역의 고유성을 되살리는 세밀한 도시계획

인천 연수구의 안골마을은 그 좋은 사례가 될 수 있다. 도시의 중심에서 살짝 벗어난 이 마을은 전철 접근성이 좋고, 문학산이라는 자연경관을 품고 있으며, 단독주택과 구불구불한 골목길이 조화를 이룬다. 필자는 이 골목길에 '보러가 골목길', '거러가 스트리트' 같은 이름을 붙이고 싶다. 그만큼 이야깃거리와 정서가 깃든 공간이다. 여기에 지역의 토속음식, 지역예술가의 감성, 그리고 사람 간의 만남이 더해진다면, 안골마을은 단순한 주거지가 아닌 '도시의 감성적 명소'로 거듭날 수 있다.

지방 소멸의 위기 앞에서 우리는 절망할 수도, 전환의 계기로 삼을 수도 있다. 중요한 것은 각 지역이 자기만의 잠재력을 깨닫고, 그 특색을 적극적으로 드러내는 것이다. 골목 하나, 가게 하나, 시장의 이야기 하나가 모여 도시의 고유한 결을 만들고, 그 결이 사람의 발길을, 마음을 붙잡는다. 전국 곳곳의 소도시와 마을들이 각자의 언어로 사람들에게 말을 걸 수 있어야 한다. 그것이 곧 '사랑받는 도시'로 가는 길이다.

사랑받는 도시의 조건: 사람을 먼저 사랑하는 것

도시는 계획하고 지을 수 있지만, 사람들이 그 도시를 좋아하게 만드는 일은 설계만으로 해결되지 않는다. 사랑은 억지로 만들어지지 않기 때문이다. 사람들이 도시를 좋아하려면, 도시가 먼저 사람을 생각해야 한다. 일상에서 편안하고 즐겁게 느낄 수 있도록 공간이 구성되어야 한다. 그렇게 사람을 먼저 배려한 도시만이 결국 사랑받게 된다. 이것이 우리가 도시를 바라보며 내릴 수 있는 결론이다. 이제는 도시를 사람의 입장에서 다시 봐야 한다. 도시가 외면받는 게 아니라, 먼저 도시가 사람을 외면했던 건 아닌지 돌아봐야 할 때다.

결론은 하나다. 사람을 품는 도시만이 오래도록 사랑받는다. 도시는 우리가 걸어온 삶의 흔적이며, 우리가 걸어갈 미래의 터전이다. 그렇기에 우리는 도시를 단지 개발의 대상이 아니라, 애정의 대상으로 바라보아야 한다. 사람의 이야기와 기억이 흐르는 도시가 진정으로 사랑받는 도시가 되며, 이런 도시가 많아질수록, 우리는 더 나은 미래로 나아갈 수 있을 것이다.

사회개혁가들의 이상 도시

변병설 | 인하대학교 교수

현재 인하대학교 교수이며, 대학원 도시계획과 학과장을 맡고 있다. 서울대학교 환경대학원에서 도시계획학 석사학위를 취득하고 미국 University of Pennsylvania 대학원에서 도시계획학 박사학위를 취득하였다. 인하대학교 대외협력처장, 정책대학원 원장을 역임했다. 그는 한국환경연구원의 연구위원으로 근무하면서 친환경적 도시계획에 대해 연구하였다. 대통령자문기구 지속가능발전위원회 자문위원을 역임하였고 한국환경정책학회 회장을 역임하였다.

현재 대한민국건강도시협의회 학술위원장, 도시건강학회 부회장을 맡고 있다. 서울특별시 도시계획위원회 위원으로 활동하였다. 송산그린시티와 인천구월2지구 총괄계획가, 대장신도시와 계양신도시 Urban Concept Planner로 활동하였다. 대통령표창, 건설교통부장관표창, 환경부장관표창을 수상했고, 인하를 빛낸 10인에 선정되었다. 주요 저서는 환경정책론, 도시계획론이 있다.

산업혁명과 도시문제의 발생

 현대 도시의 환경문제는 영국의 산업혁명에서 시작되었다고 볼 수 있다. 산업혁명은 기존의 공장제 수공업에서 벗어나, 대규모 기계공업을 통한 대량 생산 방식을 도입하면서 자본주의 경제체제를 확립했다. 이러한 원인으로 상업자본주의에서 산업자본주의로의 전환이 이루어졌다. 산업혁명은 영국에서 가장 먼저 시작되었으며, 그 출발점은 1769년 제임스 와트(James Watt)의 증기기관 발명이다. 산업혁명 이후 공장들은 대부분 거대 도시에 자리 잡았고, 많은 노동력이 필요해졌다. 이에 따라 농촌에서 도시로 대규모 인구 이동이 발생했다.

 영국의 경우, 1830년에서 1900년 사이 런던의 인구는 200만 명에서 400만 명으로 증가했고, 파리는 100만 명에서 200만 명, 베를린 역시 급격한 인구 증가를 경험했다. 이러한 대도시들은 급속한 도시화와 함께 여러 가지 새로운 문제에 직면했다. 공장에서 배출되는 매연과 소음, 과밀한 주거 환경, 슬럼의 형성, 무분별한 도시 확장 등이 대표적인 문제였다.

 이러한 산업혁명의 부작용을 해결하기 위해 몇몇 사회개혁가들은 이상적인 도시 계획안을 제시했다. 그중 대표적인 인물이 로버트 오엔

(Robert Owen)이다.

로버트 오엔과 그의 이상도시

　로버트 오엔은 산업혁명 초기, 영국 맨체스터의 방적 공장에서 노동자로 일하다가 이후 스코틀랜드에서 1,500명의 노동자를 고용하는 면사방적 공장을 운영했다. 당시 공장은 매연을 배출하고 하천을 오염시키며, 열악한 상하수도 시설과 14시간 이상의 노동시간 등 매우 비참한 노동환경을 제공했다.

　오엔은 이러한 문제를 개혁하고자 했다. 그는 10시간 노동제를 도입하고, 휴업 시에도 임금을 지급하며, 생활필수품을 공동으로 구매하여 저렴한 가격에 제공했다. 또한, 노동자들을 위해 쾌적한 주거 환경을 조성하여 살기 좋은 마을을 만들었다. 나아가 오엔은 보다 적극적으로 '자급자족형 협동마을'을 건설할 계획을 세웠다. 이 마을은 공업과 농업 기반을 동시에 갖추고, 모든 주민이 평등하고 이상적인 공동생활을 영위하도록 설계되었다. 약 800~1,200명의 주민이 거주할 수 있도록 구상된 이 마을은 다음과 같은 구조를 가졌다.

- **마을 중앙**: 대광장이 위치하고, 그 중심에는 교회, 학교, 공동식당 등 공동체 생활을 위한 공공시설이 배치되었다.
- **주거 지역**: 대광장 주변에 주거용 건물을 배치하였다.
- **산업 지역**: 주거 지역의 바깥쪽에는 공장과 작업장이 위치했다.
- **농업 지역**: 마을 전체를 둘러싼 도로 바깥에는 넓은 농경지가 배치되었다.

이상 도시 실험과 한계

 그러나 오엔의 개혁적 시도는 노동자들의 삶보다 이윤을 우선시하는 영국 자본가들의 반대로 난항을 겪었다. 결국 그는 영국에서 자신의 이상을 실현할 수 없다고 판단하고, 보유한 주식을 모두 처분한 후 가족과 함께 미국으로 건너갔다.

 미국 인디애나주 뉴하모니(New Harmony)에서 그는 전 재산을 투자해 부동산을 매입한 후, 자신의 꿈이었던 협동마을을 건설했다. 처음에는 주민들이 오엔의 이념을 따르는 듯 보였지만, 시간이 지나면서 공동체 생활에 적응하지 못하는 사람들이 생겨났다. 결국 내부 갈등이 심화되자 실험은 3년 만에 실패하고 말았다. 이후 영국으로 돌아온 오엔은 노동조합운동과 협동조합운동 등 다양한 사회개혁 활동을 펼쳤다. 그의 협동마을 실험은 비록 성공하지 못했지만, 공동체 사회에 대한 그의 견해는 이후 여러 도시계획 이론에 큰 영향을 미쳤다. 특히, 오늘날의 근린지구이론(Neighborhood Unit Theory) 형성에 중요한 기초가 되었다.

도산 안창호의 이상촌 구상

 우리나라에서도 공동체 마을을 계획한 사례가 있다. 독립운동가인 도산 안창호 선생은 흥사단의 정신을 실현하기 위해 이상촌(理想村) 건설을 제안했다. 그가 꿈꾼 이상촌은 단순한 주거단지가 아니라, 청년들이 기술을 익혀 경제적 자립을 이루고 문화적인 생활을 할 수 있도록 돕는 공간이었다. 도산 선생은 국가가 부강해지려면 국민 개개인이 기술을 익히고, 마을사업을 함께 계획하고 운영해야 한다고 강조했다. 그의 이상촌 구상에는 다음과 같은 주요 원칙이 포함되어 있다.

- **입지 조건**: 강과 산이 있고, 토지가 비옥하며, 교통이 편리한 곳
- **마을 규모**: 200가구 정도의 집단적 마을
- **도시 인프라**: 도로망과 상하수도 등의 기본 시설을 갖출 것
- **주택 건축**: 한국 전통 건축의 특징과 미관을 살리면서도 위생적이고 경제적인 구조
- **체육 공간**: 운동장에 어린이 놀이터를 조성하고, 체육활동을 통해 체력을 기르며 모험심을 함양할 것

이상촌 건설 운동은 크게 세 가지 목적을 가졌다. 1. 해외 독립운동의 전진기지를 구축하는 것. 2. 국외 한인 동포들의 생활 근거지를 확보하는 것. 낙후된 농촌을 발전시켜 모범적인 마을을 만드는 것. 3. 이상촌은 주민 자치를 기반으로 한 공동체 마을로서, 주민들의 자발적인 참여와 협력을 중심으로 운영되었다. 이는 풀뿌리 민주주의의 원형을 보여주는 사례였다. 또한, 개발이익을 공동체가 공평하게 나누는 협동조합 방식을 채택하여, 소수에게 이익이 집중되는 문제를 방지하고자 했다. 결국, 이상촌의 목표는 단순한 주거 개발이 아니라, 평등과 자유, 인권을 존중하는 공동체를 형성하는 것이었다.

에베네저 하워드와 전원도시 구상

이상적인 도시를 실현하기 위한 또 다른 아이디어는 1898년 영국의 에베네저 하워드(Ebenezer Howard)가 제안했다. 그는 『미래의 전원도시 (Garden Cities of Tomorrow)』라는 책을 출판하며, 도시와 전원을 결합한 새로운 도시계획 방식을 제안했다.

그의 핵심 개념은 거대도시의 문제를 해결하기 위해 도시와 농촌의 경계를 허물고, 도심 주변을 농업용 그린벨트(Green Belt)로 조성하는 것이었다. 하워드는 도시문제의 원인이 농촌과의 단절이라고 보았기 때문에, 도시와 농촌을 함께 포함하는 행정 단위를 구성해야 한다고 주장했다.

전원도시는 단순한 주거지가 아니라, 도시와 자연이 조화를 이루는 공간으로서, 다음과 같은 특징을 가진다.

- 대규모 도시나 자립적인 소도시의 계획 방안 중 하나
- 도시와 전원의 기능을 적절히 조화시켜 생산성과 생활환경을 동시에 개선
- 쾌적한 자연 속에서 풍요로운 도시 생활을 가능하게 하는 구조

이 계획은 많은 사람들의 관심을 받았으며, 1903년 전원도시 주식회사가 설립되었다. 이후 런던 북쪽 56km 지점에 제1호 전원도시 '레치워스(Letchworth)'가 건설되었으며, 1920년에는 제2호 전원도시 '웰윈(Welwyn)'이 런던 북쪽 32km 지점에 조성되었다. 전원도시의 주요 요건은 다음과 같다.

- 계획 인구를 3~5만 명으로 제한
- 주변에 넓은 농업 지대를 영구히 보존
- 경제적으로 안정적인 산업을 확보하여 자급자족 가능
- 개발이익의 일부를 지역사회에 재투자
- 토지는 경영 주체가 공유
- 주민들이 자유롭게 결합하고 협력할 수 있는 환경 조성

하워드의 전원도시 개념은 이후 도시계획 이론에 큰 영향을 미쳤으며, 현대의 신도시 개발 및 친환경 도시 조성 정책에도 중요한 역할을 하고 있다.

하워드의 도시계획 철학과 근린주구 개념

에베네저 하워드(Ebenezer Howard)의 도시계획 철학은 이후 근린주구(Neighborhood Unit) 개념으로 발전했다. 이는 1924년 미국의 클라렌스 페리(C. A. Perry)가 제안한 주거단지 계획 개념이다. 페리의 근린주구 계획은 초등학교를 중심으로 공공시설을 적절히 배치한 생활권 단위를 만드는 것을 목표로 한다. 주요 특징은 다음과 같다.

- **안전한 보행 환경**: 어린이들이 위험한 도로를 건너지 않고 걸어서 통학할 수 있도록 설계됨.
- **차량 통행 제한**: 주거단지 내부로 차량이 직접 진입하지 않도록 간선도로를 우회 배치하여 보행자의 안전을 확보함.

- **쾌적한 녹지 공간**: 단지 내 근린공원을 조성하여 생활 환경을 개선함.
- **편리한 생활시설 배치**: 공공시설과 근린상가를 가까이 배치하여 주민들이 편리하게 이용할 수 있도록 함.
- **주민 간 교류 활성화**: 단지 내 도로망을 설계할 때 가로가 서로 겹치는 구조로 만들어, 주민 간 자연스러운 교류를 촉진함.

이러한 근린주구 개념은 주민 공동체 형성을 강화하고, 물리적·공간적으로 안전하고 쾌적한 생활환경을 조성하는 것에 의의를 둔다. 오늘날 이러한 개념은 초등학교와 중학교 학군을 중심으로 하는 인구 2~3만 명 규모의 소생활권 계획으로 발전했다.

현대 도시에서의 생활권 개념

최근에는 쾌적한 생활 환경과 가까운 거리에서 필요한 서비스를 이용할 수 있는 생활권이 주목받고 있다. 도시 내에서도 자연과 함께하는 환경을 조성하고, 자동차 없이도 도보로 필요한 시설을 이용할 수 있도록 하는 것이 핵심이다. 이에 따라 보행 일상권(Walkable Daily Life Zone) 개념이 강조되고 있다.

- 가까운 거리에서 자연을 즐길 수 있도록 공원 조성
- 주거지를 중심으로 업무, 소비, 여가, 문화 활동을 도보로 해결할 수 있도록 도시 설계
- 자동차에 의존하지 않는 자족형 생활권 조성

특히 디지털 전환(Digital Transformation)의 영향으로, 주거 공간이 단순한 주택이 아니라 일상생활의 중심 공간으로 변화하고 있다. 이에 따라 더 이상 먼 곳으로 이동하지 않아도, 내 생활 반경 안에서 다양한 기능을 누릴 수 있는 도시 환경을 만들어야 한다는 필요성이 커지고 있다.

참고문헌

- 변병설, 정경연, 2021, 도시계획론, 박영사
- 이경기, 2023, 도산 선생의 이상촌 건설과 도시재생, 주민참여도시만들기연구원 뉴스레터

민족과 부침을 같이한 도시, 마산

정경연 | 인하대학교 정책대학원 초빙교수

인하대학교에서 〈풍수지리 이론을 활용한 저탄소 녹색도시 계획 연구〉로 도시계획학 박사 학위를 받았다. 현재 인하대학교에서 강의를 하며, 전통 지식 속에서 인류 생존을 위협하는 지구온난화와 기후변화에 대응할 수 있는 논리들을 연구하고 있다.

저서로는 ≪정통풍수지리≫, ≪부자되는 양택풍수≫, ≪도시계획론≫, ≪한국도시의 역사≫ 등이 있으며, 도시 역사에 대한 관심이 많다.

정의로운 도시 마산

 마산은 필자가 ≪한국도시의 역사≫를 집필하면서 큰 감동을 받았던 도시다. 역사의 중요한 순간마다 민족과 함께 부침을 겪으면서도 자존심을 지켜왔기 때문이다. 또한, 불의에 맞서 싸우는 정의로운 정신이 면면히 흐르고 있다.

 마산역 광장에는 이 지역 출신인 노산 이은상의 가고파 시비(詩碑)가 있다. "내 고향 남쪽 바다, 그 파란 물 눈에 보이네. 꿈엔들 잊으리오."로 시작하는 이 시는 한국인의 정서를 잘 담아낸 작품으로 평가받는다. 그런데 바로 그 옆에는 시민단체가 세운 마산수호비가 마치 가고파 시비를 견제하듯 서 있다. 안내문에 따르면, 이은상이 자유당 정권의 영구집권을 위해 전국을 돌며 3.15 부정선거를 옹호했고, 박정희·전두환 독재정권을 찬양하며 아부성 발언을 서슴지 않았다는 것이다. 이에 따라 일부 시민들은 "모든 사람을 잠시 속일 수는 있어도 영원히 속일 수는 없다. 진실은 덮을 수도 없고, 거짓은 드러나기 마련이다."라는 문구를 내걸며 가고파 시비 철거를 주장하고 있다. 화단에는 선구자 노래비도 있다. "일송정 푸른 솔은 늙어 늙어 갔어도"로 시작하는 이 노래를 모르는 한국인은 거의 없을 것이다. 많은 이들이 이 노래를 들으면 황량한 만주 벌판에서 일본군과 맞서 싸운 독립군을 떠올린다. 그러나 작곡가 조두남(1912~1984)은 일제강점기 만주에서 일본의 만주국 건설을 찬양한 친일파였다. 이 사실을 안 마산 시민들은 조두남 기념관을 폐지하고, 그 이름을 '마산음악관'으로 변경했다. 또한, 마산역의 시비까지도 철거해야 한다는 목소리를 높이고 있다.

마산은 3.15 부정선거에 반대하는 시위를 최초로 일으켜 4.19 혁명의 도화선이 되었고, 부마민주항쟁을 통해 1980년대 민주화운동의 시발점이 된 도시다. 우리나라 4대 민주화운동(4.19 혁명, 부마항쟁, 5.18 민주화운동, 6월 항쟁) 중 두 개가 마산에서 시작되었다는 사실만 봐도, 마산 사람들의 민주주의에 대한 자부심을 엿볼 수 있다. 이들은 지역 출신이라 해도 조두남의 친일 행위와 이은상의 친독재 행위를 용납할 수 없다는 입장이다. 마산은 그런 곳이다.

여몽연합군과 마산

마산이 민족과 함께 부침을 겪기 시작한 계기는 몽골의 일본 원정 때부터다. 몽골은 일본 원정을 준비하며 지금의 마산합포구에 전방사령부 격인 정동행성(征東行省)을 설치했다. 또한, 원정에 필요한 군마(軍馬)를 기르기 위해 산호동 일대에 목장을 조성했다. 이 과정에서 용마산, 갈마

봉, 말죽통, 말굿 등 말과 관련된 지명이 생겨났다고 전해진다. 당시 군사들과 군마에게 물을 공급하기 위해 판 우물은 몽고정(蒙古井)이라 불리며, 이곳의 물은 수질이 좋고 미네랄이 풍부해 지금도 마산을 대표하는 유명 브랜드인 몽고간장 제조에 사용된다.

고려 원종 15년(1274), 몽골군 2만 5천 명과 고려군 8천 명으로 구성된 1차 여몽연합군이 900여 척의 함선에 나눠 타고 마산포를 출항해 일본으로 향했다. 쓰시마, 이키섬, 다카시마 등을 점령했으나, 큰 태풍이 불어와 전함과 병력의 30~40%를 잃고 마산포로 귀환했다. 이후 충렬왕 7년(1281), 원나라 세조 쿠빌라이는 14만 2천 명을 동원하여 2차 일본 정벌을 명령했다. 이때 출정한 병력은 중국 남송에서 출발한 강남군(江南軍) 10만 명과, 마산포에서 출발한 동로군(東路軍) 몽골군 1만 5천 명, 고려군 2만 7천 명(전투병 1만 명, 선원 및 뱃사공 1만 7천 명)으로 구성되었으며, 총 900척의 함선을 이용했다. 그러나 2차 원정군 역시 다카시마에서 강력한 태풍을 만나 대부분의 전함이 침몰하고 말았다.

일본은 이 태풍을 **신풍**(神風)이라 불렀는데, 이는 일본어로 **가미카제**(かみかぜ, 神風)를 뜻한다. 2차 세계대전 당시 일본군이 비행기를 몰고 자살 공격을 감행했던 가미카제 특공대의 명칭도 바로 이 사건에서 유래한 것이다. 여몽연합군의 피해는 몽골군과 고려군 사이에 큰 차이가 났다. 원나라 문헌 ≪범해소록(泛海小錄)≫에서는 "크고 작은 함선들이 파도에 의해 모두 부서졌으나, 고려의 전함은 배가 견고하여 온전했다."라고 기록하고 있다. 또한 ≪고려사(高麗史)≫에서는 "몽골군은 전함 3,500척이 침몰하고 병사 10만 명이 익사했다. 고려군은 1만 9천 명이 살아 돌

아왔다."고 전한다. 비록 고려군도 상당한 피해를 입었지만, 몽골 강남군이 거의 전멸한 것과 비교하면 상대적으로 적은 피해였다.

고려군의 피해가 적었던 이유는 고려 함선의 우수성 덕분이었다. 당시 동로군의 전함은 마산과 그 주변에서 건조되었는데, 고려는 예로부터 조선(造船) 기술이 뛰어나 배의 선형이 안정적이며 파도를 잘 타고 견고했다. 이 때문에 중국에서도 고려 배를 구매해 사용했다고 한다. 이러한 조선술은 이후 임진왜란 때 이순신 장군이 이끄는 조선 수군이 대승을 거두는 데 중요한 역할을 했다. 오늘날 한국의 조선 기술이 세계 최고 수준을 자랑하는 것, 그리고 마산·거제·통영 일대가 조선 산업의 중심지가 된 것 역시 결코 우연이 아니다.

자주적 개항을 시도했던 마산

19세기에 접어들면서 조선은 열강들의 끊임없는 문호 개방 요구에 직면했다. 이에 맞서 쇄국정책을 펼쳤지만, 결국 외세의 침투를 막아내는 데 실패했다. 일제에 의해 강화도조약이 체결되면서 부산, 원산, 인천이 차례로 개항되었고, 이어서 목포, 남포, 군산, 성진, 청진까지 개항되며 조선의 자원이 본격적으로 수탈당하기 시작했다. 1899년, 마산도 개항되었지만, 다른 개항장들과 달리 일제의 강요가 아닌 고종의 전략적 판단에 의해 이루어졌다. 그는 러시아 세력을 끌어들여 일본을 견제하려는 목적에서 마산 개항을 추진했다. 일본 입장에서는 부산과 가까운 마산을 굳이 개항할 필요가 없었기 때문에, 이곳의 개항은 조선의 주도적인 결정이었다.

  당시 러시아는 청나라로부터 대련과 뤼순의 조계지를 확보한 상태였으며, 블라디보스토크와 연결되는 안전한 해상 기지를 필요로 했다. 처음에는 거문도를 조차하려 했으나, 러시아의 남하를 견제하려는 영국이 선제적으로 거문도를 점령했다. 이에 따라 러시아는 고종이 제안한 마산을 받아들였고, 이곳에 해군기지를 건설하여 일본을 견제하며 태평양 진출을 모색하려 했다. 그러나 일본이 이를 좌시할 리 없었다. 일본은 재빨리 마산 조계지를 선점하며 러시아의 계획을 방해했고, 결국 두 나라는 마산을 둘러싸고 긴장 관계를 이어갔다. 이러한 갈등은 결국 1904년 러일전쟁으로 이어졌다. 러시아가 해군기지를 건설하려 했던 곳은 수심이 깊고 해상 진출이 용이한 진해만이었다. 그러나 러일전쟁에서 승리한 일본이 이곳을 헐값에 사들이면서 본격적으로 군항 건설을 추진했다. 일본은 군사적 요충지인 이곳에 신도시를 조성하며, 주변이 산으로 둘러싸인 분지형 지형을 활용하여 배후 도시를 건설했다.

  일본이 만든 이 도시는 가로망이 중심의 큰 원을 기준으로 8개 방향으로 뻗어나가는 형태를 띠고 있는데, 이는 일본 해군기의 상징인 욱일승천기를 형상화한 것이었다. 또한, 시가지 곳곳에는 일본의 국화(國花)인 벚꽃이 심어졌다. 현재 매년 3월 말이면 진해 군항제가 열리는데, 이 시기가 되면 도시 전체가 벚꽃으로 뒤덮여 장관을 이룬다. 평소에는 출입이 제한되는 해군사관학교와 해군사령부도 군항제 기간에는 특별히 개방되며, 이를 찾은 시민들과 관광객들은 마냥 행복한 표정을 짓는다.

　필자는 군항제를 즐기는 인파 속에서 문득 고종을 떠올렸다. 만약 고종이 지금의 후손들을 본다면 어떤 기분일까? 그가 추진한 계획이 성공했다면, 지금의 마산과 진해는 어떤 모습으로 변해 있었을까? 그러나 역사는 가정을 허락하지 않는다. 중요한 것은 현재의 현실이며, 우리가 지켜야 할 것은 바로 지금의 이 평화와 행복이다.

근대화·산업화의 기수 마산

　마산은 근대화와 산업화에 있어 중추적인 역할을 해온 도시다. 1970년대, 우리나라 최초의 수출자유지역이 마산에 조성되었다. 기업 규제가 없고, 저렴한 인건비 덕분에 섬유·전자 등 노동집약적인 산업이 활발히 유치되었다. 당시 공장에서 일하던 근로자들의 대부분은 어린 여공(女工)들이었다. 이들은 낮은 임금을 받으며 벌집 같은 기숙사에서 생활했고, 잔업을 마다하지 않으며 헌신적으로 일했다.

　그렇게 번 돈으로 집안을 도왔고, 남동생들의 학비를 보탰다. 그러나 이들은 배움의 끈도 놓지 않았다. 1974년, 전국 최초로 마산 한일합섬 부설여자실업학교가 야간 과정으로 개교되었다. 이곳을 졸업하면 일반 중·고등학교와 동일한 학력을 인정받을 수 있었다. 이러한 교육 기회 덕분에 노동자들의 이직률이 낮아졌고, 이는 기업에도 긍정적인 영향을 미쳤다.

이처럼 일하면서도 배우기를 멈추지 않았던 그녀들의 피, 땀, 그리고 눈물이 모여 대한민국 경제 성장의 토대를 만들었다. 그 결과 대한민국의 수출액은 1970년 10억 달러를 달성했으며, 불과 7년 후인 1977년에는 100억 달러를 돌파했다. 당시 이들에게 붙여진 이름은 산업역군(産業力軍)이었다.

그러나 낙후된 노동 환경과 저임금, 긴 노동시간으로 인해 노사 분규가 발생하면서 외국계 기업들은 임금이 더 저렴한 동남아로 공장을 이전하기 시작했다. 이로 인해 마산수출자유지역은 한때 침체기를 겪었지만, 마산 사람들은 이를 방관하지 않았다.

2000년대 들어 마산은 마산자유무역지역으로 새롭게 지정되었고, 이를 계기로 첨단 수출산업 기지로 변모하고 있다.

마산은 역사의 고비마다 시대를 앞장서 이끌며 난관을 극복해 왔다. 21세기는 세계화라는 새로운 질서를 요구하고 있다. 변화를 주도하기 위해서는 누군가 먼저 길을 개척해야 한다. 그리고 이번에도 마산이 그 역할을 할 것이라 믿는다. 그래서 필자는 마산이 좋다. 그리고 마산이 대한민국의 성장 동력으로 다시 한 번 우뚝 서길 기대한다.

＊ 이 글은 ≪Esquire≫ 2023년 4월호에 기고한
"박사가 사랑한 도시 마산"의 내용을 재구성한 것입니다.

토지의 복합적 도시계획을 추구한 영국 리버풀의 전략

장기민 | 서울창업기업원 경영위원장, 경희대학교 외래교수

경희대학교에서 창업을 강의한다. 인하대학교에서 경제학, 도시계획학을 동시에 전공했고 도시계획학 박사를 받으며 대학원장상을 수상했다. 네이버에서 "장교수"라는 이름으로 활동한다. 한국외국어대학교 경영대학원에서 MBA 과정을 밟았다. 국민대학교에서 '디자인경영' 논문으로 디자인학 석사를 받았다. 한양대학교에서는 산업디자인을 공부했다. 서울대학교에서 경제에 대한 강의를 했고, 한양대학교에서는 디자인과 창업을 융합한 내용으로 강의를 했다. 명지대학교에서는 「장기민의 디자인경제」를 2년 동안 전했다. 서울창업기업원 기업경영위원장과 문제해결위원회의 위원장을 겸직하고 있다. 대한민국 중소기업, 강소기업의 성장과 경영컨설팅을 지원하는 역할을 담당하고 있다.

영국 잉글랜드는 대한민국과 매우 닮아 있다. 지도에서 나타나는 구조적 측면에서 말이다. 우리나라로 따지면 중서부인 서울 위치에 영국은 맨체스터가 있다. 바다와 인접한 동남쪽엔 런던이 있다. 런던은 마치 대한민국의 부산과 지도상 그 위치가 닮아있다. 또한 우리나라 세종시를 비롯한 충청도가 위치한 중간 위치엔 버밍엄이라는 큰 도시가 영국에 위치하고 있으니 우리나라와 많은 부분이 닮아있다. 영국 잉글랜드에서 우리나라 서울 쪽 위치인 맨체스터 왼쪽으로는 바다와 인접한 리버풀이 있다. 이는 한국으로 따지면 인천의 위치와 상당 부분 흡사하다. 리버풀은 수자원을 활용하여 도시를 발전시키기 아주 좋은 위치에 있다.

리버풀은 타이타닉(Titanic)과도 많은 연관을 맺고 있다. 타이타닉 배는 벨파스트에서 건조되었지만, 타이타닉을 운영한 화이트 스타 라인(White Star Line)의 본사가 리버풀에 있었기 때문이다. 실제 타이타닉의 선미에는 'LIVERPOOL'이라는 글자가 새겨져 있었다고 전해진다.

또한 리버풀에는 세계에서 가장 큰 도심 공원 중 하나인 세프턴공원(Sefton Park)이 있는데 이 공원의 면적은 약 235에이커이며 이를 환산하면 약 95만㎡ 정도 된다. 이는 런던의 하이드 파크보다도 더 큰 면적을 자랑한다.

리버풀의 산업 발전과 역사

산업 혁명 당시 영국의 경제발전에 막대한 영향력을 행사했던 영국 리버풀은 현재 인구 220만 명이 넘는 대도시로 발전하게 된다. 19세기 중반, 리버풀은 세계에서 가장 중요한 항구 도시 중 하나로, 아프리카, 아메리카, 아시아를 연결하는 무역의 중심지였다. 특히, 면화와 노예무역이 경제의 중추를 이루었고, 이후 산업화가 진행되면서 조선업, 석탄 수출, 철강 산업이 크게 번성하였다.

리버풀 FC라는 세계적으로 유명한 축구팀이 있는 이 도시는 또한 비틀즈의 고향이기도 하다. 리버풀FC는 유럽 챔피언스리그에서 여러 번 우승을 했던 경력이 있는 유명한 축구팀이다. 이 도시는 1960년대 세계적인 문화적 혁명의 중심지 중 하나로 떠오르며, 비틀즈 뮤지엄과 해양박물관, 테이트리버풀(Tate Liverpool) 등이 연간 400만 명이 넘는 관광객을 끌어들이고 있다. 특히, 비틀즈가 처음 공연을 했던 '캐번 클럽(Cavern Club)'은 여전히 많은 관광객이 찾는 명소이다. 캐번 클럽은 비틀즈가 밴드 결성 초창기에 300번 이상 공연했던 곳으로 알려지며 큰 인기를 끌었다. 이처럼 리버풀은 세계적인 록 밴드 비틀즈(The Beatles)가 탄생한 도시로 유명하다. 존 레논, 폴 매카트니, 조지 해리슨, 링고 스타가 이곳에서 음악을 시작했다고 전해지고 있다. 또한 리버풀은 영국에서 가장 오래된 차이나타운(Chinatown)을 보유하고 있는 지역이기도 하다. 19세기 무역이 활발하던 시기에 중국인 이민자들은 리버풀에 정착하며 차이나타운을 형성하였고, 현재까지도 전통적인 중국식 건축과 음식들이 있는 문화지역으로 손꼽히고 있다.

리버풀의 도시 쇠퇴와 재생

1930년대까지 80만 명이 넘던 인구는 2000년대 후반 40만 명대로 급감하였다. 제2차 세계 대전 동안 독일군의 폭격으로 인해 주요 산업 시설이 파괴되었으며, 전쟁 이후 경제 구조가 변화하면서 산업 기반이 붕괴되었다. 20세기 후반 석탄에서 석유로 에너지원이 전환되면서, 전통적인 항만 및 공업 기반의 경제가 크게 쇠퇴하였다. 1972년 리버풀 부두가 폐쇄되면서 도시 경제는 더욱 어려워졌고, 실업률이 급증하였다.

하지만 1981년을 기점으로 리버풀은 도시 재생 프로젝트를 시작하였다. 알버트독과 리버풀원(Liverpool One)의 전략적 연계를 통해 문화, 관광, 쇼핑 및 여가생활이 가능한 복합문화공간을 조성하며 새로운 경제 모델을 구축하였다. 이는 관광객 유치뿐만 아니라, 리버풀 시민들에게도 새로운 경제적 기회를 제공하였다.

오랜 시간이 지나 리버풀은 2004년 유네스코 세계문화유산으로 지정되었다. 하지만 2021년 재개발 사업으로 인해 유산 등재가 취소되는 안타까움을 겪기도 하였다. 그럼에도 여전히 아름다우며 역사적인 가치가 높은 건축물과 항구를 보유하고 있는 도시로 평가받고 있다.

리버풀과 맨체스터의 연계

해양도시인 리버풀과 내륙 도시인 맨체스터는 역사적으로 밀접한 관계를 유지해왔다. 1830년 개통된 '리버풀-맨체스터 철도'는 세계 최초의 상업 철도 노선으로, 도시 간 물류와 인적 교류를 촉진하며 영국 산업혁명의 핵심 동력이 되었다. 그러나 이후 운하가 개통되면서 철도의 역할이 축소되었고, 리버풀은 상대적으로 경쟁력을 잃게 되었다. 하지만 최근 리버풀과 맨체스터 간의 연계를 강화하는 스마트 도시 프로젝트가 추진되고 있으며, 이를 통해 두 도시는 다시 한 번 경제적 부흥을 꾀하고 있다.

리버풀의 성공적인 도시 재생 전략

리버풀의 도시 재생은 단순한 재개발이 아니라, 기존 산업 구조에서 탈피하여 도시의 정체성을 활용한 혁신적인 접근 방식이 성공의 핵심 요소였다. 정부 및 민간 기관이 협력하여 도시 기반 시설을 현대화하고, 교육 및 연구 기관과 연계한 창조산업 육성 전략을 펼쳤다. 대표적인 예로, '리버풀 과학 혁신 단지(Liverpool Science Innovation Park)'가 조성되며, 도시 내 대학 및 연구기관과 연계하여 첨단 기술 산업이 성장할 기반을 마련하였다.

결과적으로, 리버풀은 쇠퇴한 항구 도시에서 문화, 관광, 기술 산업이 결합된 현대적인 도시로 변화하였다. 이와 같은 성공 사례는 전 세계적으로 주목받고 있으며, 다른 도시들이 참고할 만한 중요한 모델로 평가받고 있다.

리버풀의 도시미래 전략

리버풀은 1980년대 이후 꾸준히 도시 재생 프로젝트를 진행해 오고 있으며 현재도 새로운 변화를 맞이하고 있는 중이다. 대표적인 프로젝트로는 리버풀워터스 프로젝트와 노스 도크 재개발 프로젝트가 있다. 리버풀 워터스(Liverpool Waters) 프로젝트는 리버풀의 항구 지역을 현대적인 주거 및 상업 지구로 탈바꿈하는 프로젝트이다. 30년 동안 약 50억 파운드(약 8조원)를 투자해 초고층 빌딩, 호텔, 오피스, 쇼핑몰, 문화시설 등을 지어나갈 예정이다. 노스 도크(North Docks) 재개발 프로젝트는 역사적인 부두 지역을 재개발하여 주거와 비즈니스 중심지로 변모시켜 나가는 프로젝트이다.

리버풀은 교통 인프라를 확장하는 계획도 갖고 있다. 하이 스피드 2(HS2) 철도를 리버풀에서 런던까지 잇는 계획을 추진하고 있으며, 마치 대한민국의 KTX처럼 지역 간 이동의 중추적 역할을 담당하게 될 것으로 기대한다. 리버풀 존 레논 공항도 더 많은 국제 노선을 추가하고 확장하며 관광 및 비즈니스 허브로 발전시킬 계획을 갖고 있다. 문화적으로는 비틀즈 테마파크(BEATLES THEME PARK)의 조성을 논의 중에 있으며 비틀즈의 유산을 기념하는 대규모 테마파크를 조성하는 계획으로 발전시키는 중이다. 전 세계 비틀즈 팬들에게 새로운 명소를 제공해 줄 것으로 기대된다.

　리버풀은 마치 살아있는 생명체처럼 유기적으로 변화하고 또 발전 해 나가고 있다. 이처럼 도시가 보유한 역사 가치와 문화적 특성은 마치 생명체의 DNA처럼 지역의 콘텐츠를 만들어 내는데 큰 영향력을 행사하고 있다. 리버풀은 지속적이며 꾸준한 속도로 여러 가지 노력을 통해 도시의 정체성을 확립해 나가고 있는 중이다. 결국 이런 모습을 통해 하나의 도시는 자기만의 콘셉트를 완성하게 된다.

제2장

지속가능한 삶을 위한 도시 디자인

> "
> 도시는 살아 움직이는 유기체,
> 지속가능성은 그 생명을 지켜주는 힘이다.
> "

소멸에서 생존으로, 지방을 살리는 생활인구의 방향

김남재 | 선강기업(주택건설업) 양촌농산원(농업경영체) 대표

충남 서산에서 출생. 서울에서 고등학교와 대학교 졸업, 대학에서는 도시건축공학을 전공하였고, 건축시공기술자 · 공인중개사 · 경희대학교 최고경영자과정 수료 · 부동산학 석사 · 현재 인하대학교 일반대학원 도시계획학 박사 수료, 재학 중에 있다. 종합건설사 ㈜한양과 우성㈜에서 토지개발, 관급공사 수주 및 시공을 담당하며, 현장소장을 역임, 이후 주택건설과 신축분양, 창고임대업 · 병행하면서 부동산 개발과 시행분야에 관심을 갖게 되었고, 특히 토지개발의 중요성을 깊이 인식하게 되었다.

 1997년 선강기업, 2009년 양촌농산원 창업, 부동산중개업과 함께 서울 근교에서 유년기의 추억을 바탕으로 과수원을 경영하며 농산물을 재배 · 생산하고 있다. 또한 서울농협 도시건축 심의위원으로 활동 중이다.

학문과 실무를 통해 토지개발과 건축의 관계를 깊이 이해하고자 하며, '땅'을 매개로 인간과 도시, 삶의 연결을 탐구하고 있다. 공학적 시각과 사회과학적 관점을 융합해 더 나은 도시계획과 삶의 터전을 고민하고 연구하고 있다.

주소지와 생활하는 곳이 다르다

"당신은 어디 사람인가요?" 이런 질문을 받으면 의외로 많은 사람들이 주민등록상 주소지와 실제 생활하는 곳에 대해 선뜻 대답하기가 쉽지 않다. 예를 들어, 필자는 서울에 가족과 함께 살고 있지만, 인근 경기도 김포에서 농업 경영체를 운영하며 하루의 절반을 보낸다. 또 고향인 충청도의 임야를 관리하기 위해 한 달에 3~4일은 그곳에서 보내며, 어린 시절의 농촌 환경을 다시 체험하고 있다. 그렇다면 필자는 서울, 김포, 충남 중 어디 사람이라고 해야 할까?

이처럼 한 사람이 하나의 지역에만 머무르던 시대는 지났다. 교통 발달과 라이프스타일 변화로, '정주인구[1]'뿐 아니라 '생활인구[2]'라는 개념이 중요해졌다. 생활인구는 특정 지역에 거주하지 않더라도 정기적으로 방문하거나 일정 시간 이상 머무르는 사람들을 포함한다. 이제 도시의

---

1) 인구조사의 한 방법으로 늘 거주하는 곳을 의미하는 상주지를 기준으로 조사한 인구
2) 주민등록인구와 외국인등록인구 뿐만 아니라 해당 지역에 통근·통학·관광 등을 위해 월 1회 이상, 하루 3시간 이상 머문 사람(체류인구)까지 지역의 인구로 보는 확장된 개념의 인구

소비력과 활력을 파악할 때 단순한 정주인구가 아니라, 생활인구까지 고려하는 시각이 필요하다. 특히, 생활인구에 주목하면 인구 감소로 사라질 위기에 처한 농촌 지역의 성공 사례를 통해 지방 정책의 방향도 고민해 볼 수 있다.

소멸위기 지역 현황

한국의 지방 소멸 위기는 인구 감소와 고령화로 인해 점점 심각해지고 있다. 특히 농촌과 중소도시에서 그 현상이 두드러진다. 언론에서도 이를 자주 접할 수 있다. 실제로 2023년 말 통계청 발표에 따르면, 전국 228개 시·군 가운데 절반이 넘는 130곳이 소멸위험지역으로 분류되었다. [그림 1]에서도 볼 수 있듯이, 이제는 군 지역뿐만 아니라 경북 상주시·문경시, 경남 밀양시 같은 중소도시도 소멸 고위험지역에 포함되기 시작했다.

소멸위험지역은 '소멸위험지수'로 판단한다. 20~39세 여성 인구수를 65세 이상 인구수로 나눈 값인데, 이 수치가 0.5 미만이면 소멸위험 진입 단계, 0.2 미만이면 소멸 고위험 단계로 분류된다.[3] 전국 228개 시·군·구 중 소멸위험지역은 130곳으로, 전체의 57%에 달한다. 특히, 20~30대 여성 인구가 65세 이상 인구의 5분의 1에도 못 미치는 소멸

---

[3] 이상호·이나경(2023), 「지방소멸위험 지역의 최근 현황과 특징」, 『지역산업과 고용』, 2023년 봄호, 한국고용정보원.

고위험지역은 57곳으로 전체의 4분의 1을 차지한다. 이제는 군 지역뿐 아니라 경북 상주시, 문경시, 경남 밀양시 같은 시 지역도 소멸 고위험지역에 포함되기 시작했다. 각 시·도의 소멸위험 시군구 현황은 [그림 2]에 정리되어 있다.

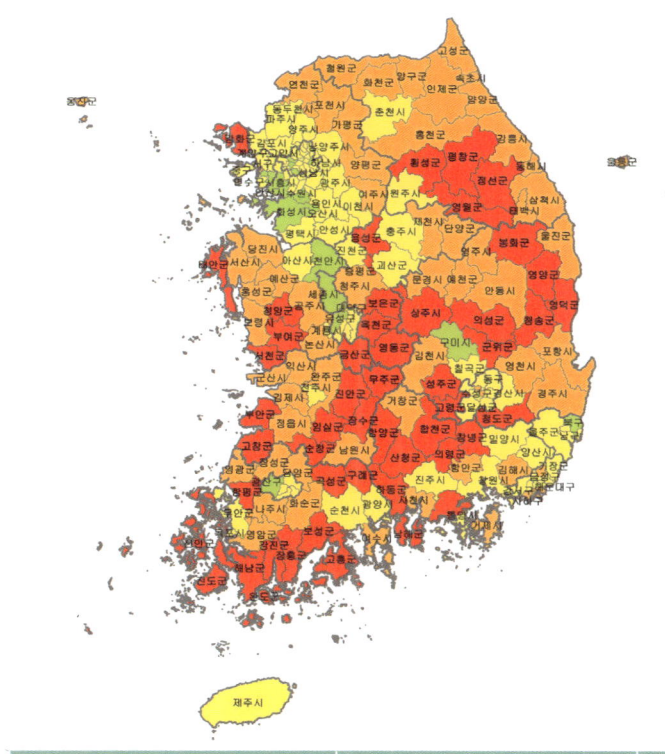

명칭		소멸위험지수	범주
소멸저위험		1.5 이상	
정상지역		1.0 ~ 1.5 미만	
소멸주의단계		0.5 ~ 1.0 미만	
소멸위험	소멸위험진입	0.2 ~ 0.5 미만	
	소멸고위험	0.2 미만	

[그림 1] 전국 228개 시군구별 소멸위험지역 현황(2024.3월 기준)

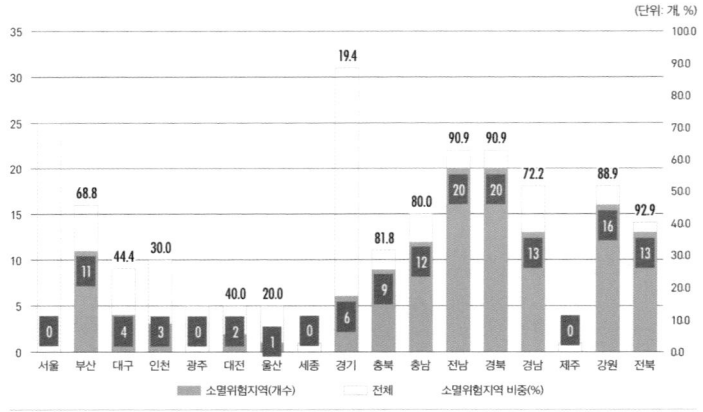

[그림 2] 시도별 소멸위험 시군구 수 및 비중(2024.3월 기준)

소멸 위기 지방도시 사례 분석 1

삶의 방식과 일하는 방식이 달라지면서, 개인만이 아니라 도시, 농촌, 산촌, 어촌의 경계도 흐려지고 있다. 강원도 양양군이 대표적인 예이다.

양양군의 등록인구는 약 2만 7,000명으로 소멸위험 지역에 속한다. 하지만 [그림 3]과 같이, 양양군의 체류 인구 배수는 17.4배수로 늘어났다. 계절과 상관없이 서핑과 파티를 즐기려는 사람들이 몰리면서 2023년 8월 31일 기준, 양양 방문객 수는 4만 5,000여 명으로 거주 인구의

1.6배를 넘어섰다.[4]

이러한 변화에는 양양군의 노력이 컸다. 서핑 교육시설과 편의시설을 확충하고, 통합 관광 앱 '고고양양'을 운영하면서 방문객 편의를 높였다. 그 결과, 서핑 관련 산업의 경제 효과는 2019년 228억 원에서 2022년 657억 원으로 크게 성장했다.

양양처럼 관광객 유입으로 활기를 되찾은 사례는 제주도와도 비교할 수 있다.[5] 참고로 제주도는 2023년 기준 1,337만 명이 찾았다. 다만, 통계에 방문 목적에 따른 구체적 분류는 포함되지 않았다.

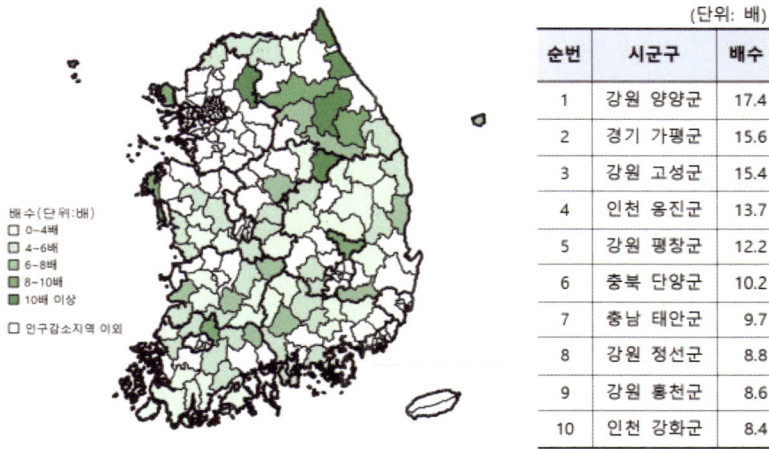

[그림 3] 시군구 체류 인구 배수(2024.6월 기준)

---

4) 양양군 KT분석데이터
5) 2023년 기준 총 1.337만 529명이 방문함. 제주관광공사 [제주 관광시장 동향보고서] 2024.2

소멸 위기 지방도시 사례 분석 2

경상북도 의성군은 대표적인 인구 소멸위험지역이다. 2023년 기준 인구는 약 5만 명이며, 65세 이상 고령 인구 비율이 42%에 달한다. 대구와 서울 같은 대도시로 20~39세 청년층이 빠르게 빠져나가면서 농가의 고령화가 심각해졌고, 생산력도 약해졌다. 이에 의성군은 청년 농업인을 유치하기 위해 스마트팜 혁신밸리를 조성하고, 귀농 정착 지원금과 스마트 농업 교육 프로그램을 운영했다. 자동화된 스마트 농업 시스템 덕분에 청년 창업을 지원하고, 생활 인프라를 확충해 정주 환경을 개선하는 효과도 얻고 있다.

[그림 4]와 같이, 의성군청 통계[6]에 따르면, 2015년부터 2025년까지 총인구는 약 11.75% 감소할 것으로 예상되지만, 세대 수는 오히려 증가하면서 1인 가구가 늘어나는 추세이다. 이는 [그림 5]와 같은 청년정착 디지털타운과 스마트팜 지원사업의 성과로, 의성군은 인구 감소 속에서도 1~2인 가구가 증가하는 특징을 보이고 있다.

이러한 의성군의 모델은 다른 소멸위험 지역에도 적용할 수 있다. 스마트 농업을 통해 산업을 다각화하고, 생활 인프라를 개선해 청년층을 유입시키며, 지역 경제를 활성화하는 좋은 사례가 되고 있다.

특히, 농촌 지자체들은 인구 감소를 막기 위해 출산장려금이나 각종 지원금을 경쟁적으로 쏟아붓는 대신, 지속 가능한 경제 생태계를 만드

---

6) 의성군청 인구 및 세대현황 통계자료 2025.1

는 데 힘을 쏟아야 한다. 단순히 인구를 늘리는 정책에서 벗어나, 농촌의 역동성을 살리고 사회적 경제를 활성화하는 방향으로 변화하고 있다.

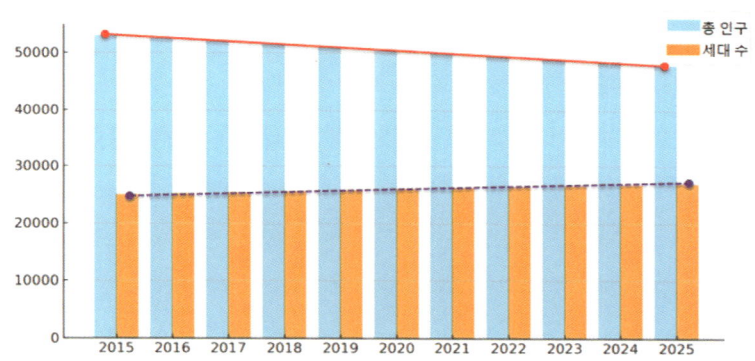

[그림 4] 의성군 총 인구 수 및 세대 수 변화 추이(2015~2025년)

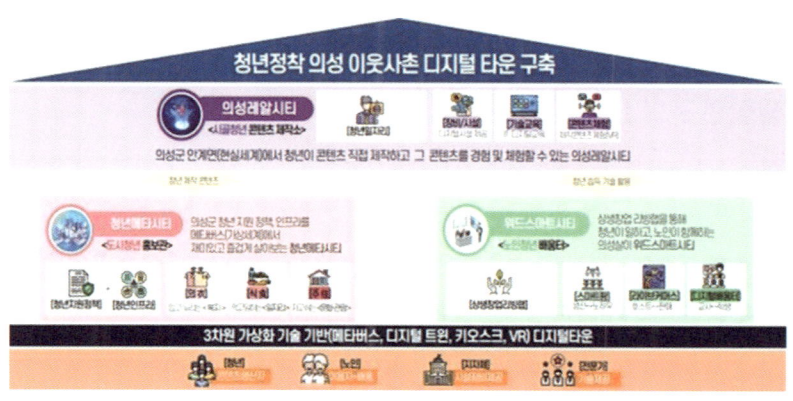

[그림 5] 의성군 청년정착 디지털타운 구축(안)

유연한 도시의 변화

교통과 디지털 기술의 발전은 일터와 생활공간의 경계를 허물고 있다. 출퇴근 방식도 다양해지고, 라이프 스타일도 점점 더 다채로워지고 있다. 이제 대한민국은 '일일 생활권' 시대로 접어들었다.

수도권의 교통 혼잡이 완화되고, 지역 간 이동이 쉬워지면서 생활인구의 활동 범위도 넓어지고 있다. 덕분에 여러 도시와 관계를 맺는 '관계인구'도 늘어나고 있다.

그동안 중앙정부, 지방정부, 공공기관이 주도해 규격화된 도시계획과 개발이 이루어졌지만, 그 결과 대규모 시설이 중복되거나, 지역 주민에게 필요하지 않은 시설이 들어서기도 했다. 또 주요 기관 이전으로 원도심이 빠르게 쇠퇴하는 사례도 생겼다. 이제는 생활인구를 고려한, 더 유연한 도시로 변화해야 한다.

생활인구의 또 다른 의미

지방소멸을 막기 위해 비수도권으로 인구를 옮기게 할 수는 없다. 그래서 정부는 수도권과 비수도권의 격차를 줄이고, 균형발전을 이루기 위한 대안으로 생활인구 제도화를 추진하고 있다.

지금까지는 주민등록 기준의 정주인구만을 가지고 정책을 세웠다. 정주인구는 지방교부세, 예비타당성 조사, 지자체 인건비 기준 등을 정하는 중요한 수치이기 때문이다.

정주인구가 많아지면 혜택이 커지니, 지자체들은 인구 늘리기에 집중해왔다. 그러나 국가 전체 인구가 줄고 있는 상황에서, 모든 지역의 인구를 늘릴 수는 없다.

이제는 생활인구를 지표로 삼아 지자체가 정책을 결정하는 것이 중요하다. 생활인구를 활용하면, 다른 지역의 인구를 빼앗지 않고도 지역 활력을 높일 수 있다.

앞으로 생활인구가 지방소멸 위기를 극복하는 역할을 하려면, 생활인구의 활용 분야와 방법을 구체적으로 정해야 한다. 또 객관적이고 명확한 기준과 측정 방법도 마련해야 한다.

출산지원금 같은 정책만으로 인구를 늘리려 해도, 결국은 국가 전체로 보면 '제로섬 게임'이 될 수밖에 없다.

춘천시의 지속가능한
축제를 위한 첫걸음

김태훈 | 한국환경공단

환경공학 석사학위와 정책학으로 박사학위를 취득하였고, 기후정책 및 에너지정책 분야에서 실무를 다루었다. 국무조정실 녹색성장지원단에서 UN 기후변화 파리 협약 이후 기후변화대응, 청정개발체제(CDM) 사업 등 온실가스 관련 업무를 수행한 바 있다. 최근에는 공단에서 ESG 경영 관련 대내·외 활동을 주도하고 있으며, 상수도 분야 스마트 안전관리 시스템 구축 등에 참여하고 있다.

현재 춘천시 2050 탄소중립녹색성장위원회 위원으로 활동 중이며, 강원특별자치도 "지속가능행사 평가도구 및 활용방안" 연구에 참여하여 "춘천시 문화·체육·관광 행사의 ESG 실천에 관한 조례" 제정에 기여하였다.

지속가능성과 ESG 평가의 길을 열다

　COVID-19 팬데믹 이후, 지역 경제가 주춤해졌다. 이를 회복하기 위해 각 지자체는 다양한 노력을 하고 있다. 관광 상품을 개발해 관광객을 유도하고, 지역 축제나 행사를 통해 지자체를 홍보하며 지역 상권을 되살리려는 시도들이 그것이다. 하지만 탄소중립이라는 국가적 과제가 현실이 되면서, 축제나 행사 개최에 따른 환경 문제가 계속해서 제기되고 있다. 자원과 에너지 소비, 폐기물 증가 등이 대표적인 문제다.

　이제는 지역 축제나 행사를 기획하고 운영할 때 환경적 영향을 고려해야 한다는 목소리가 커지고 있다. 단지 흥겨운 잔치로 끝나는 것이 아니라, 지속가능한 방향으로 나아가야 한다는 자성의 움직임이다. 즉, "생태문명과 지속가능성의 관점에서 축제를 새롭게 고민해야 한다"는 주장이다. 축제를 준비하는 과정에서 사회적 책임을 다하고, 축제 간의 연대와 협력을 통해 시민 참여를 활성화해야 한다. 축제 스스로 생태친화적이고 지속가능한 방향으로 실천해 나가야 한다는 의미다(시민자치문화센터, 2024).

지속가능한 축제 지원을 위한 해외 정책 사례

전 세계 축제 산업은 팬데믹 이후 빠르게 성장하고 있다. 시장 규모는 2022년 약 2억 5천만 달러였으나, 2028년에는 약 8억 5천만 달러에 이를 것으로 예측된다(Economist, 2023).

하지만 축제가 커질수록 환경에 미치는 영향도 커진다. 축제를 위한 전기 사용, 물자 수송, 공연자와 관람객의 이동으로 많은 양의 탄소를 배출한다. 일회용 플라스틱, 홍보 인쇄물 등 자원 낭비와 쓰레기 배출, 많은 양의 물 사용, 에너지 소비 등 환경 오염을 발생시키는 실정이다. 또한, 공연장 입지로 인해 자연 생태계를 훼손하는 경우가 있다.

영국에서는 매년 약 490만 명의 관람객이 음악 축제를 찾는다. 그 과정에서 약 700만 리터(ℓ)의 석유가 소비되고, 25,800톤의 쓰레기가 축제 현장에서 발생한다. 이로 인하여 연간 약 24,261톤의 탄소가 배출되는 것으로 추산된다(Vision 2025, 2020).

유럽에서는 축제의 환경 영향을 줄이기 위한 다양한 시도들이 진행 중이다. 개별 축제뿐 아니라, 이를 지원하는 협회와 정부, 지자체에서도 지속가능한 축제를 위한 정책과 제도를 마련하고 있다. 예를 들어, 유럽축제연합의 '그린 페스티벌 로드맵 2030'이나, 영국문화원이 제작한 '축제 관리자를 위한 지속가능성 툴킷'과 같은 자료들이 대표적이다. 또한, 지역 축제의 온실가스 배출량과 주최 측의 탄소발자국 관리 전략에 따른 저감 효과를 분석한 학술 연구와 논문도 꾸준히 발표되고 있다. 대표적인 사례로 Anindya Kenyo Larasti(2022)는 글래스톤베리 페스티벌을 분석했다. 축제 주최 측의 탄소발자국 관리 노력이 어떤 효과를 냈는지 살펴본 것이다.

그 결과, 에너지 소비와 폐기물 관리 측면에서는 의미 있는 효과가 나타났다. 하지만 교통으로 인한 탄소 배출은 여전히 해결 과제로 남아 있었다.

European Green Festival Roadmap 2030 (Europe)

1) 정책 개요

'유럽 지속가능한 축제 로드맵 2030'은 유럽축제협회(YOUROPE)와 여러 축제 관련 기관들이 협력해 만든 정책이다. EU의 '그린 딜(Green Deal)' 정책 방향과 목표를 축제 분야에 적용하기 위해 제정되었다.

유럽의 축제들은 2030년까지 탄소 배출을 55% 줄이겠다는 목표를 세웠다. 이를 달성하기 위해 축제 운영의 전반적인 구조부터, 창작과 생산에 이르기까지 구체적이고 세부적인 가이드라인을 제시하고 있다.

2) 주요 내용

- **목표 일정**: 2030년까지 탄소 배출 55% 감축
- **적용 영역**: 교통, 폐기물, 수질오염 등 10개 영역
- **실행 계획**: 7개 실행 과제를 설정하여 지속가능한 축제를 확산시키기 위한 구체적 실천방안 제시

PROBLEM AREAS ↘

- Absence of uniform sustainability strategies across all big festivals
- High CO₂eq emissions from fossil fuel power generation
- Excessive use of raw materials for production
- Single use plastics
- Excessive amounts of untreated solid waste being sent to landfill
- High CO₂eq emissions, pesticides and nutrient enrichment from food and beverage production
- High CO₂eq emissions from travel & transport
- Excessive use of potable water
- Water pollution from chemicals and waste
- Damage to wildlife due to habitat fragmentation and human encroachment

영역 1. 지속가능 축제 전략의 부재
영역 2. 축제 사용전력 발전의 화석연료
영역 3. 축제 현장 조성을 위한 자원 낭비
영역 4. 일회용 플라스틱
영역 5. 축제에서 배출되는 쓰레기 매립
영역 6. 식음료로부터 배출되는 탄소와 오염
영역 7. 교통수단으로부터 배출되는 탄소
영역 8. 물낭비
영역 9. 화학물질과 쓰레기로 인한 물오염
영역 10. 야생동물과 생태계 파괴

[그림 1] 유럽 지속가능 페스티벌 로드맵 2030

- 지속가능한 지역축제전략을 수립하고 주기적으로 개선, 실행한다
- 축제에서 재생에너지 사용을 늘이고 에너지 효율성을 최대화한다
- 일회용품 금지, 재사용 등 자원을 순환하고 쓰레기 배출을 줄인다
- 식음료는 지역을 우선하고 유기농/비건 등 대안적인 선택을 마련한다
- 공연자, 관객 등 축제 관련자들에게 저탄소 교통수단을 제안한다
- 일회용 생수 사용을 최소화하고 세척/위생용품은 친환경으로 대체한다
- 지역사회와 함께 계획하고 도시환경과 자연생태계를 보호한다

[그림 2] 유럽 지속가능 페스티벌 로드맵 2030의 실행계획의 방향

Green Event Code of Practice (UK)

1) 정책 개요

　영국 디지털문화부(DCMS)의 '영국 음악 축제 미래 위원회'는 2021년 5월, 지역 축제의 지속가능성 강화를 위한 제안을 발표했다. 정부, 지자체, 기업, 협회 등이 함께 합의할 수 있는 지속가능한 축제의 목표와 기준을 마련하자는 내용이다. 이를 통해 지자체가 지역 축제를 허가할 때, 이 기준을 적용하도록 유도하고자 했다. 이 지침은 단순한 인증이나 마케팅 도구가 아니라 지속가능한 지역사회와 미래를 위한 협력의 기반으로 제안된 것이다. 2024년 이후에는 이 기준이 실제 영향력을 발휘할 것으로 전망되고 있다.

2) 주요 내용

- **목적**: 2030년까지 온실가스 배출 50% 감축
- **7개 주요 목표**: 거버넌스, 에너지, 교통, 식음료, 자원과 쓰레기, 물, 긍정적 영향을 목표로 각 목표별로 최소기준과 실천방안을 제시

거버넌스	모든 조직은 2025년까지 연례적으로 온실가스를 포함한 환경 영향을 기록, 보고
에너지	실내 행사의 2025년까지 100% 재생에너지 사용을 달성하고 라이브 축제의 경우는 2030년까지 화석연료 사용을 50% 감축
교통	2025년까지 관객, 공급업체, 공연자 등 모든 이해관계당사자들의 이동과 관련한 탄소배출 계획을 수립하고 불가피한 교통수단은 임팩트 투자를 통해 상쇄함

식음료	2030년까지 축제 현장에서 제공하는 육류와 유제품의 비중을 30% 감축하고 음식물 쓰레기를 줄임
자원과 폐기물	2027년까지 일회용 플라스틱 퇴출하고 쓰레기 분리 수거 체계 마련
물	2025년 말까지 물자원 절약과 수질 보호를 위한 계획 마련
긍정적 영향	공연자, 관객, 공급업체, 스폰서, 지역사회 등 다양한 축제 이해당사자들의 행동을 바꿀 수 있는 프로그램을 마련하고 기후변화에 대응하고 생태 보호에 기여할 수 있는 투자 지향

해외 사례를 종합해 보면, 축제협회나 지속가능한 축제를 지향하는 활동가 그룹(비영리조직)이 중심이 되어 프로젝트를 추진하고 있다.

이들은 지속가능한 축제를 위한 평가지표와 가이드라인을 개발하고, 교육 프로그램을 운영한다. 또한, 지속가능한 축제 인증제나 친환경 축제 어워드 등을 통해 도전적 비전과 목표를 현실로 만들고 있다.

국내의 지속가능한 축제·행사를 위한 사례 소개

최근 국내에서도 지역 축제·행사가 변화하고 있다. 과거에는 자원 소비 중심의 축제가 대부분이었지만, 이제는 환경 영향을 줄이려는 노력이 확산 되고 있다.

일회용품 사용을 줄이고, 친환경 퍼포먼스와 프로그램을 운영하며, 축제가 남기는 환경적 영향을 최소화하려는 방향으로 전환되고 있는 것이다.

특히, 지자체 차원에서 축제 먹거리 부스에서 발생하는 일회용품 폐기물을 줄이기 위해 다회용 컵과 다회용기를 도입하는 시도가 늘어나고 있다.

가. 서울특별시: 서울형 MICE ESG 기반 구축 사업

서울시는 '지속가능한 마이스(MICE) 도시'로 성장하기 위해 ESG 기반을 마련하고 있다. 마이스 산업의 사회·경제·환경적 기여를 확대하고자 하는 것이다. 사업의 주요 내용은 다음과 같다.

- 서울형 마이스 ESG 운영 실행지침 및 평가방안 수립
- 분야별 ESG 운영 시범행사 확대
- 지속가능한 행사 추진을 위한 공급업체 발굴
- ESG 실천 우수 기업에 인센티브 제공

이를 위해 서울시는 다양한 영역에서 ESG 컨설팅을 제공하고 있다. 예를 들어 행사장과 공급업체 선정, 행사 자료 제작·홍보, 부스 제작, 에너지·물·폐기물·식음료 관리, 운송, 지역사회 연계 등에서 주최자가 ESG 관점에서 어떻게 접근할지를 지원한다.

2023년 11월에는 '2023 서울카페쇼'에 처음으로 서울형 마이스 ESG 운영 지침이 적용되었다.

행사 주제는 다음과 같았다.

지속가능한 마이스 산업을 위해, 글로벌 커피산업의 미래를 위해, 모든 이해관계자의 더 나은 삶을 위해, 서울카페쇼는 △탄소중립 실천 △제로 웨이스트 구현 △지역 커뮤니티 협력 강화 △친환경 포장 △공정거

래 △커피산지 노동환경 개선 등을 목표로 삼았다.

실제로 서울시 ESG 운영지침에 따라 다음과 같은 감축 목표를 세웠다. 폐기물 5% 감축, 관람객 1인당 폐기물 20% 감축, 식품 폐기 20% 감축, 전기 소비량 5% 감축, 물 사용량 5% 감축, 종이 인쇄물·포장 50% 축소(출처: 서울경제, 2023년 11월 12일자)

나. 전라남도: 일회용품 없는 축제

2024년에 전라남도는 도내 22개 시군의 대표 축제 1곳씩을 선정해 '일회용품 없는 축제' 사업을 추진하고 있다. 2024년 2월 29일, 전남 여수에서는 '순환경제사회 전환을 위한 정책 방향과 정부 합동 평가(자원순환 분야) 대응 워크숍'이 열렸고, 이 자리에서 해당 사업이 결정되었다.

기존에는 축제에 참여하는 음식점과 푸드트럭에서 일회용품 사용에 대한 제한이 없었다. 그러나 2024년부터는 모집공고 단계에서부터 일회용품 사용을 금지하고, 다회용기만 사용하도록 제한하고 있다.

전라남도는 광양 매화축제와 구례 산수유꽃 축제를 시작으로, 22개 시군의 축제를 대상으로 8억 원의 도비를 지원해 이 사업을 추진하였다 (출처: 연합뉴스, 2024년 2월 29일자).

또한, 2025년부터는 모든 축제장에서 다회용기를 사용하도록 국비 17억 원을 건의한 바 있다

그 결과, 광양 매화축제, 구례 산수유축제, 영암 왕인문화축제에서는 일회용기 대신 다회용기를 제공하여 폐기물 19.4톤을 감량하고, 온실가스 90톤을 줄였다.

이는 30년생 소나무 약 1만 그루가 1년간 흡수하는 온실가스 양에 해당한다고 한다(출처: 천지일보, 2024년 4월 28일).

다. 강원특별자치도: 기초 지자체 친환경 축제 지원

강원특별자치도의 속초시는 친환경 축제를 위해 다회용기와 나무 소재 수저를 지원한 바 있다. 2023년 10월에 열린 '제1회 2023 속초음식축제 마숩다! 속초'에서는 폐기물 발생을 줄이기 위해 고온 살균 세척된 다회용기 1만 2천 개, 나무 수저 4만 개 이상이 제공되었다.

또한, 생분해 테이크아웃 컵과 국용기, 테이블 위생 커버 등 대부분의 행사 용품을 친환경 제품으로 구성했다. 이를 통해 약 900kg의 탄소 배출을 줄인 것으로 보도되었다(출처: 속초시 보도자료, 2023년 10월 12일).

2024년에도 '속초음식축제 마숩다! 속초'는 다회용 접시, 컵, 수저 제공과 탄소중립 캠페인을 통해 지속가능한 축제로 이어지고 있다.

지속가능한 지역 축제·행사에 적용하기 위한 ESG 평가 가이드라인(안)

'지속가능한 행사'란 탄소중립과 지속가능발전을 목적으로 ESG 실천을 도입한 행사다. 이를 통해 환경적 가치와 사회적 가치를 함께 창출하고자 한다.

지속가능발전목표(SDGs, Sustainable Development Goals)는 인류의 보편적인 발전을 위해 전 세계 모든 국가가 2030년까지 달성하기로 합의한 목표다(UN, 2015).

또한 ESG 실천은 단순히 환경·사회·지배구조 측면의 개선을 넘어서, 사회적 가치(SV)를 실현하는 활동으로 이해할 수 있다.

축제나 행사에서의 ESG란, 친환경적 운영(E), 사회적 가치 확대(S), 이해관계자 참여(G)를 통해 탄소중립과 지속가능발전에 기여하는 방식이다.

이번에 제시하는 ESG 평가 가이드라인은, 해외 사례와 국내 축제 운영 사례를 토대로 ESG 실천이 가져온 성과를 반영하여 구성되었다.

각 영역은 환경(E), 사회(S), 거버넌스(G)로 나뉘며, 다음과 같은 기준을 포함하고 있다.

가. 환경(E)

환경 영역은 축제나 행사로 인해 발생하는 부정적인 환경 영향을 줄이는 것을 목표로 한다. 동시에 지속가능한 운영 방식을 구현할 수 있도록 기준을 제시한다.

예를 들어, 행사에서 온실가스 배출량 감축 목표를 설정하고, 실제 배출량을 측정해 관리한다. 폐기물 발생량과 재활용률을 분석하는 방식도 여기에 포함된다.

또한, 에너지 효율화를 위해 LED 조명을 사용하거나, 태양광 발전을 도입하는 등의 기술적 접근이 권장된다.

참석자들의 교통수단 선택도 중요한 요소다. 친환경 교통수단 이용을 유도하고, 관련 데이터를 수집·기록하여 평가하는 방식으로 반영할 수 있다.

영역	범주	진단항목
E (환경)	지속가능한 교통수단	행사장 대중교통 접근성
		자전거 주차장
		방문객 교통 홍보
		방문객 이용 혜택
		행사 관계자 교통 사용
	지속가능한 식음료	지속가능한 식자재
		지속가능한 메뉴
		개인 텀블러 권장
		재사용(다회용)컵/용기
	지속가능한 행사장 조성	행사구조물 저감/재사용
		인쇄물 저감/대체
		현수막 등 저감/대체
		판촉물.기념품 저감/대체
	자원순환 및 폐기물 저감	폐기물 분리수거
		폐기물 데이터 수집
		음식물/폐기물 순환
	에너지 저감 및 재생에너지	에너지 저감/효율성
		고효율 제품 사용
		재생에너지 사용
		에너지 데이터 수집

나. 사회(S)

사회 영역에서는 지역 사회와의 협력을 통해 사회적 가치를 창출하는지를 평가한다.

예를 들어, 행사에서 취약계층 고용을 늘리거나, 장애인이나 노약자를 배려한 시설과 서비스를 제공하는 것이 중요한 기준이 된다.

모든 방문객이 행사에 동등하게 참여할 수 있도록 환경을 마련하는 것도 필수적이다.

또한, 공익기업이나 지역 생산자와의 협력을 강화함으로써 지역 경제를 활성화시키는 노력도 중요하며, 다양한 문화적 배경을 고려한 메뉴 구성이나 프로그램 운영 역시 평가 지표에 포함된다.

영역	범주	진단항목
S (사회)	안전보건	위험성 검토
		교육 운영
	사회적약자 배려	사회적 약자 배려 시설
		사회적 약자 배려 서비스
		사회적 약자 고용
		근로자 휴게 및 복지
	지역소생산자 및 공익기업과 협력	공익기업 우선 구매
		공익기업 판로 지원
		지역소생산자 우선 구매
		지역소생산자 판로 지원

다. 거버넌스(G)

 거버넌스는 행사 운영의 투명성과 책임성을 높이기 위한 영역이다. 체계적이고 구체적인 관리 방식을 갖추는 것이 핵심이다. 우선, ESG 목표 달성을 위한 전담 팀이나 담당자를 지정해 역할을 명확히 해야 한다. 구체적인 실행 계획을 수립하고, 실행 과정에서의 데이터를 기록·관리하는 것이 필요하다.

 내부 직원 및 운영 스태프를 대상으로 ESG 관련 교육을 진행하여, 전체적인 이해도를 높이고 실행력을 강화해야 한다. 행사 종료 후에는 ESG 실적 보고서를 작성해 대중과 이해관계자에게 공개하는 것이 바람직하다. 이 보고서에는 주요 성과와 데이터 분석 결과가 포함되어야 하며, 이를 통해 행사에 대한 신뢰도를 높일 수 있다.

영역	범주	진단항목
G (거버넌스)	지속가능한 정책 수립	정책/목표 설정
		세부계획 수립
		지표 설정
	이해관계자 소통	지속가능 담당자 배정
		내부 인력 교육 실행
		이해관계자 내적 소통
		이해관계자 외적 소통
	지속가능 보고서 작성/공개	지속가능 보고서 작성
		온실가스 배출량 산정
		지속가능 보고서 공개

조급한 신재생에너지 정책이 경관에 미치는 부정적 영향

장윤승 | 씨엠공간디자인(주) 대표

인하대학교 공학대학원에서 건축공학 석사과정을 마쳤으며, 인하대학교 일반대학원에서는 도시계획학 박사과정을 수료하였다. 건축설계 사무실과 인천국제공항 현장에서 실무를 익혔고, 평택 미군기지와 평택 삼성반도체 건설 프로젝트에도 참여하였다. 현재는 도시계획의 학문적 이해를 넓히고, 이를 실제 도시 현장에 활용하는 방안을 연구하고 있다.

"인간은 가치 평가를 하는 존재다." 약 140년 전, 철학자 프리드리히 니체[7]가 남긴 말이다. 나는 이 명언을 인용하며 이야기를 시작하려 한다. 우리 사회가 정책을 추진할 때, 과연 올바르게 가치 평가를 하고 있는지 의문이 들기 때문이다. 현재 국제적으로 신재생에너지는 북미와 유럽 등에서 보조 에너지로 활용되고 있다. 그러나 우리나라는 전 정권에서 보조 에너지를 대체 에너지로 무리하게 전환하려는 정책을 추진하면서 많은 문제가 발생했다. 특히, 신재생에너지가 경관에 미치는 부정적 영향에 대한 논의가 부족했다. 이 글에서는 이에 대한 필자의 개인적인 견해를 풀어보고자 한다.

우리 사회는 보조 에너지와 대체 에너지를 구분하지 못하는 상태에 이르렀다. 북미와 유럽에서는 수력, 풍력, 태양광 에너지를 보조 에너지로

---

[7] 프리드리히 빌헬름 니체(독일어: Friedrich Wilhelm Nietzsche, 1844년 10월 15일 ~ 1900년 8월 25일). 주요저서:『선과 악을 넘어서』,『짜라투스트라는 이렇게 말했다』,『우상의 황혼』등, 24세 때 스위스바젤대학 고전그리스 문헌학 석좌교수, 관점주의 철학자, 핵심사상 의미에 대한 의지, 의미에 대한 갈망

사용하지, 대체 에너지로 활용하지 않는다. 에너지 생산량을 비교해 보면 석유나 원자력에 비해 신재생에너지는 현저히 낮은 수준이다. 2020년 전후로 유럽과 북미에서는 다시 원자력으로 돌아서는 움직임이 있었다. 그러나 우리나라는 원전을 폐쇄하고 신재생에너지를 확대하는 정책을 강하게 추진했다. 하지만 기술적 개발이 충분히 이루어지지 않은 상태에서 무리하게 추진한 결과, 태양광 패널이 무분별하게 설치되며 경관을 훼손하는 부작용이 발생했다. 또한, 이를 유지하는 데 국민 세금이 낭비되는 문제도 심각하다.

출처: 한국경제

앞서 언급했듯이, 신재생에너지의 생산량은 매우 미미한 수준이다. 하지만 이러한 미미한 에너지 생산을 위해, 원자력보다 훨씬 넓은 면적이 필요하다. 그렇기 때문에 현 시점에서 태양광 패널을 대체 에너지원으로 삼는 것은 적절하지 않다. 물론 보조 에너지로서의 발전 가능성은 기대할 수 있지만, 그에 비해 국토를 지나치게 많이 차지하는 것은 바람직하지 않다. 더욱이, 경관에 대한 정책이 충분한 협의와 검토 없이 너무 성급하게 추진된 점도 큰 문제다.

유럽에서는 경관의 중요성을 강조하며 유럽경관협약을 제정했다. 이 협약에서는 다음과 같은 내용을 포함하고 있다.

1. 경관은 사람들이 살아가는 환경의 본질적인 구성 요소로, 공동의 문화·자연 유산을 대표하며 사람들의 정체성 형성에 중요한 역할을 한다는 사실을 법적으로 인정해야 한다.
2. 각국 정부는 경관 보호·관리·계획을 위한 정책을 수립하고 이를 적극적으로 시행해야 한다.
3. 경관 정책을 수립하고 집행하는 과정에서 일반 대중, 지방 정부, 관련 이해관계자들의 참여를 보장하는 절차를 마련해야 한다.
4. 도시 및 지역 계획 정책뿐만 아니라 문화·환경·농업·사회·경제 정책 등 다양한 분야에서 경관 요소를 고려하고 이를 정책에 통합해야 한다.

이와 같이 유럽경관협약에서는 경관에 있어서 신중한 정책과 가이드라인을 제시해주고 있다. 경제정책은 물론이고 경관에 직·간접으로 영향을 줄 가능성이 있는 기타 분야의 정책에 경관을 통합시키고 경관 향상과 유지를 위해 각 부처의 노력이 필요하다.

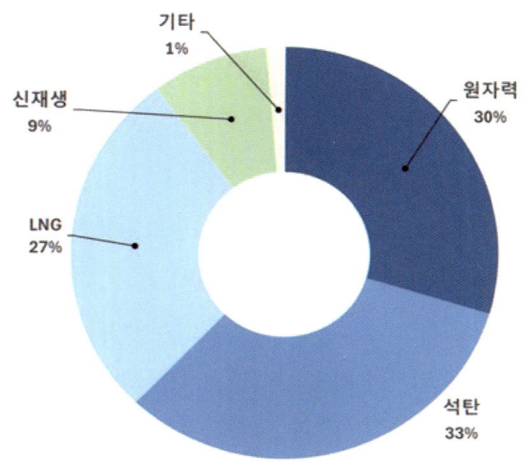

출처: 한국전력공사 통계 2024

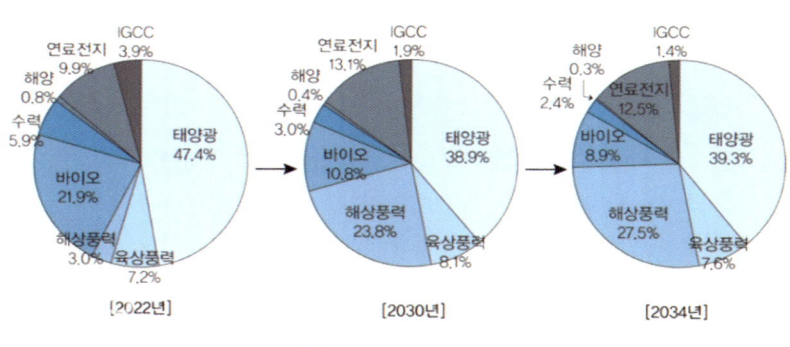

출처: 일렉트릭 파워 저널

위 통계표와 같이 신재생 에너지는 전체 에너지원별 발전 비중은 2022년 기준 9%에 지나지 않는다.

태양광에너지는 신재생에너지원별 생산량은 2022년 전체 에너지원별 신재생 에너지원별 기준 9%에서 태양광 에너지가 차지하는 비중은 47.4%에 경미한 생산량을 차지하고 있다. 이렇듯이 신재생에너지는 원자력에너지에 비하면 현저하게 에너지 생산량이 미미한 수준에서 경관은 무분별하게 훼손되고 있다.

출처: 세계일보

위의 사진에서 보듯이 전남지역의 농지는 이렇듯이 태양광패널로 뒤덮이고 있다. 언론사 논설위원의 표현은 검은악재로 표현하고 있다. 법률상 태양광패널을 농지에 시공하게 되면 다시 농지로의 사용이 금지되어 있다. 이를 악용해 개발업자의 편법으로의 개발이 가능한 토지로 변경되고 있다. 도시에서의 경관에 대한 중요성보다 신재생에너지라는 명목하에, 에너지 생산량이 미비한 경관훼손에 대한 가치평가는, 처음부터 다시 새로운 법률을 제정해서 검토되어야 한다고 생각한다.

18세기 영국에서는 증기기관 발명을 기반으로 산업혁명이 일어났다.

당시 증기기관을 개발한 와트는 불안정한 기술을 보완하기 위해 특허 연장을 요구했다. 이는 새로운 기술이 사회에 자리 잡기 위해서는 충분한 검토와 발전 과정이 필요하다는 점을 시사한다.

마찬가지로, 신재생에너지 역시 충분한 기술 발전과 검증이 이루어진 후에야 대체 에너지로 사용할 수 있다. 현재 상황에서 무리하게 확대하기보다는 기술이 성숙해질 때까지 보조 에너지로 활용하는 것이 바람직하다.

대한민국은 원자력 기술이 세계적으로 높은 수준을 자랑하며, 안전성도 입증되어 있다. 일본에서 원전 사고가 발생했지만, 우리나라에서는 그러한 사고가 없었다. 또한, 디지털 운영 방식으로 전환하면서 원자력 기술이 더욱 정교해졌다.

태양광 패널이 창문 하나 크기만으로도 가정의 전력을 충분히 공급할 수 있을 정도로 발전했을 때, 그때야 비로소 대체 에너지로 활용할 수 있을 것이다. 우리 사회에서 가장 중요한 것은 "지속과 변화 사이의 조율"이다. 조급한 정책이 아니라, 장기적이고 안정적인 방향으로 에너지 정책을 수립해야 한다.

쓰레기의 반란
탄소중립 도시의 숨겨진 열쇠

— 폐기물 혁신과 기후위기 대응 —

정혜원 | 환경부 산하 수도권매립지관리공사

현재 인하대학교 대학원에서 도시계획학 박사과정 연구자이자 부동산학 석사와 공인중개사 자격을 갖춘 도시환경 및 부동산전문가다. 환경부 산하 수도권매립지관리공사에 재직하며, 기후변화대응과 도시환경정책 분야 전문성을 발휘하고 있다. 골프장 개발 인허가 실무 경험과 한국잔디연구소 골프코스관리사로 환경·스포츠 융합 프로젝트를 주도했다.

2014 인천아시안게임 골프종목 유치 시 쓰레기매립지의 친환경적 활용 비전을 제시하고, '환경 재생과 스포츠 정신의 조화'라는 혁신적 컨셉으로 국제기술대표단(TD)을 설득하여 혁혁히 기여했다. US여자오픈 국제지역예선 개최(2018)로 미국골프협회 감사패를 수상했고, 스마트 넷제로시티 평가지표 개발 연구 등 도시와 환경 정책의 실무적 적용에 관한 연구를 지속하고 있다.

도시의 탄소 시한폭탄: 기후위기와 폐기물의 양면성

스마트 넷제로시티는 첨단 디지털 기술과 기후위기 대응 전략을 통합하여, 도시의 탄소중립을 체계적으로 구현하는 새로운 개념의 틀이다. 이러한 패러다임 전환은 도시 인프라와 서비스 전반에 걸쳐 혁신적인 변화를 요구하며, 그중에서도 폐기물 관리 부문은 이미 눈에 띄는 성과를 보여주고 있다.

여기에서는 스마트 넷제로시티 구현 과정에서 폐기물 관리가 얼마나 중요한 정책 영역인지 살펴보고, 그 성과를 어떻게 정량적으로 평가할 수 있는지, 또 주요 국가들은 어떤 방식으로 실천하고 있는지를 사례를 통해 소개하고자 한다.

현대 도시에서 발생하는 폐기물은 이제 단순히 '치워야 할 것'이 아니라, 기후변화의 주요 요인 중 하나로 작용하고 있다. 과거에는 일방향적인 소비-폐기 모델 속에서 폐기물을 그냥 버리는 대상으로 여겼지만, 최근 기후위기가 심화되면서 폐기물의 또 다른 측면이 주목받고 있다.

예를 들어, 매립 방식으로 처리되는 폐기물은 메탄(CH_4)과 같은 강력한 온실가스를 발생시켜 기후변화를 빠르게 가속화시킬 수 있다. 하지만 반대로, 이를 잘 관리하면 자원과 에너지를 생산하는 원천이 될 수도 있어 폐기물은 '양면성'을 가진 존재로 평가받고 있다.

스마트 넷제로시티에서는 폐기물을 단순한 처리 대상이 아닌 '자원'이자 '에너지원'으로 새롭게 정의한다. 그리고 이를 가능하게 하기 위해 인공지능(AI), 사물인터넷(IoT), 빅데이터 등 첨단 기술을 접목한 순환경제 체계를 구축하고 있다. 예를 들어, AI 기반의 선별 시스템, IoT를 활용한 실시간 모니터링, 빅데이터를 통한 의사결정 지원 등은 폐기물 관리를 훨씬 더 효율적이고 지속 가능하게 만들어 준다(정혜원·변병설, 2024).

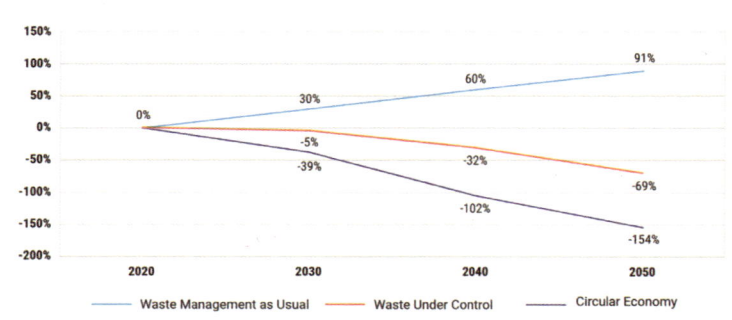

[그림 1] 폐기물 관리 정책 변화에 따른 온실가스 배출 추정치 변화(UNEP, 2024)
3가지 시나리오를 사용한 폐기물 감소 및 관리체계의 잠재적 환경 영향 이해

유엔환경계획(UNEP, 2024)은 전 세계에서 발생하는 고형폐기물(MSW: Municipal Solid Waste) 양이 2050년까지 2020년 대비 약 56% 증가하여 약 38억 톤에 이를 것으로 전망하고 있다. 이렇게 폐기물이 급증하면 도

시의 탄소중립 목표를 달성하는 데 큰 걸림돌이 될 수 있다.

특히, 생활 수준의 향상과 빠른 도시화가 폐기물 증가의 주요 원인이며, 이에 적극적으로 대응하지 않으면 파리협정에서 정한 목표 달성은 사실상 불가능하다는 경고가 계속되고 있다.

이러한 폐기물 증가는 매립지의 확대로 이어지며, 이는 곧 메탄 배출을 가속화시켜 기후변화를 더 심각하게 만드는 악순환을 일으킬 수 있다. 특히 개발도상국은 폐기물 관리 인프라가 부족한 경우가 많아, 이 문제는 단지 환경 문제를 넘어 사회적 문제로도 확대될 수 있어 국제적인 대응이 더욱 절실한 상황이다.

메탄의 역습: 지구온난화의 침묵의 가속자

매립지의 불편한 진실: 기후변화의 숨겨진 촉매

"보이지 않는다고 해서 존재하지 않는 것은 아니다."

이 말은 국제사회와 환경단체가 메탄가스를 설명할 때 자주 인용하는 표현이다. 메탄은 색도 냄새도 없지만, 지구온난화를 빠르게 악화시키는 '조용한 주범'이다.

특히 도시 매립지에서 나오는 메탄은 매우 심각한 영향을 미치는데, 이 메탄의 온실효과는 이산화탄소보다 29.8배(100년 기준) 이상 강력하다. 하지만 현재 대부분의 국가들은 메탄을 정책적 관리 대상에 포함하지 않고 있으며, 전 세계 메탄 배출량 중 불과 13%만이 관련 정책의 적용을 받고 있는 것으로 나타났다(Olczak et al., 2023).

하버드대의 한 연구팀(SEAS)은 미국 환경보호청(EPA)이 도시 지역에서 나오는 메탄을 과소평가하고 있다는 연구 결과를 발표했다. 실제로 미국 내 도시 매립지에서 발생하는 고형폐기물(MSW)의 메탄 배출량은 기존 EPA 추정치보다 무려 51% 더 높았다고 한다.

일반적으로 가장 흔하게 쓰이는 도시 폐기물 처리 방식은 매립이다. 하지만 이 방식은 혐기성 분해(산소 없는 상태에서의 분해) 과정에서 많은 양의 메탄을 대기 중에 방출하게 된다.

특히 유기성 폐기물(음식물, 종이 등)이 매립지에 쌓이면 그 분해 과정에서 발생하는 메탄은 20년 기준으로 이산화탄소보다 약 87배나 강력한 온실효과를 나타낸다.

기후변화에 관한 정부 간 협의체(IPCC) 제6차 평가보고서에 따르면, 메탄은 지구온난화의 약 30%를 유발하며, 전 지구 평균 기온을 약 0.5℃ 상승시킨 주요 원인이다.

메탄은 대기에서의 체류기간이 이산화탄소보다 훨씬 짧아(9~10년 vs. 200년), 집중적인 저감 노력이 이루어진다면 단기간 내 온난화를 줄이고 대기 질을 개선하는 데 매우 효과적이다.

그래서 최근 국제사회는 메탄 배출을 줄이는 것을 비용 대비 효과가 높은 전략으로 보고 있으며, 매립 의존도를 줄이는 정책이 핵심 수단으로 강조되고 있다.

예를 들어, 대통령직속 2050 탄소중립위원회는 폐기물 분야 온실가스 배출량을 2018년 대비 2050년까지 74% 감축하겠다는 목표를 세우고, 그 방안으로 ▲ 폐기물 매립 최소화, ▲ 재활용 확대, ▲ 에너지화 전환을 제시하고 있다.

폐기물의 가치 혁명: 환경부담에서 도시 에너지 자원으로

폐기물은 이제 골칫덩이가 아니라 '에너지 자원'으로 변하고 있다. 덴마크 코펜하겐에 있는 코펜힐(Copenhill)은 이를 대표하는 상징적인 사례이다. 이 시설은 2019년에 완공된 폐기물 에너지 발전시설인데, 기존의 단순한 소각 방식에서 벗어나 폐기물을 도시 에너지 자원으로 바꾸는 통합적 시스템을 구현하고 있다.

[그림 2] 덴마크 코펜힐(Greenroofs.com)

이곳에서는 폐기물 처리와 에너지 생산을 넘어, 시설 옥상에 인공 스키장과 하이킹 코스까지 만들어 시민들이 활용할 수 있도록 했다. 다시 말해, 환경시설을 단순한 '필요한 기반시설'이 아니라 '시민과 공유하는 공간'으로 재설계한 셈이다.

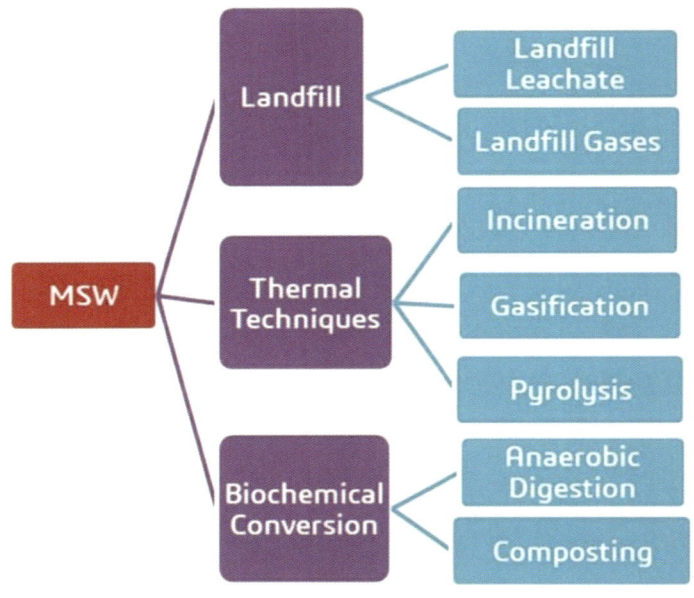

[그림 3] MSW 처리기술(Sharma et al., 2024)
지자체 고형 폐기물 관리에 사용되는 기술

코펜힐은 매년 약 40만 톤의 폐기물을 처리하고, 6만 가구에 전기, 16만 가구에 냉난방을 공급한다. 또한 최신 오염 제어 기술과 필터링 시스템을 갖추어 대기오염물질 배출을 최소화하며, 향후에는 탄소포집·저장(CCS) 기술까지 도입해 완전한 탄소중립을 목표로 하고 있다.

이처럼 폐기물은 단지 환경에 부담을 주는 물질이 아니라, 도시 에너지 체계의 중요한 구성 요소로 '재구성'될 수 있다. 폐기물을 에너지로 바꾸는 기술은 다양하게 발전 중인데, 예를 들어, ▲ 열병합발전, ▲ 바이오가스화, ▲ 소각 열회수 방식 등이 있다. 이런 기술들은 화석연료를 대체하고, 온실가스 배출을 줄이는 데에도 직접적인 도움을 준다(Sharma et al., 2024).

데이터 기반 폐기물 관리 체계: 정량적 평가와 기술적 혁신

체계적 성과 측정: 폐기물 관리의 정량적 접근

효과적인 폐기물 관리 정책을 수립하고 평가하기 위해서는 과학적이고 체계적인 측정이 무엇보다 중요하다. 즉, '얼마나 잘하고 있는지' 눈에 보이도록 숫자와 지표로 나타낼 수 있어야 실질적인 개선이 가능하다는 뜻이다. 최근에는 데이터 기반의 '스마트 폐기물 관리'가 부각되고 있으며, 이를 위해 다양한 평가 지표가 제시되고 있다. 정혜원·변병설(2024)은 스마트 넷제로시티의 정책성과를 다면적으로 평가하기 위한 통합 지표 체계를 개발했다.

이 지표에는 폐기물 관리 외에도 에너지, 교통, 환경 등 여러 도시 분야가 포함되어 있으며, 특히 '친환경 폐기물 관리'는 그 핵심 영역 중 하나로 주목받고 있다. Lishan et al.(2023)은 폐기물 관리가 단순한 행정 이슈가 아니라 '사회-생태적 시스템'으로 복잡하게 얽혀 있다고 지적하면서, 중국의 26개 주요 도시를 대상으로 지표 기반 평가를 수행했다.

또한 Wilson et al.(2019)은 도시의 폐기물 관리 성과를 양적 지표(숫자 중심)와 질적 지표(제도·문화 등)로 구분하여, 보다 종합적으로 평가할 수 있는 Wasteaware Benchmark 시스템을 제안했다.

이런 평가 시스템은 각 도시가 어떤 분야에서 강점을 가지는지, 어디에 개선이 필요한지를 한눈에 파악할 수 있도록 도와준다.

지표는 단순한 '현황 파악'에 그치지 않는다. 이들은 정책 목표를 수립하고 성과를 평가하는 데 있어서 객관적인 기준점으로 작용한다. 특히 도시별 특성과 발전 수준을 반영해 맞춤형으로 적용할 수 있다는 점에서, 지표는 매우 실용적이다. 예를 들어, 어떤 도시는 재활용률이 높지만 폐기물 발생량이 많은 반면, 어떤 도시는 폐기물은 적지만 소각 비중이 높을 수 있다.

이런 다양성을 고려해 '도시 맞춤형 전략'을 세울 수 있도록 지표는 방향을 제시해 준다.

경영학 분야에서 자주 인용되는 "측정할 수 없으면 관리할 수 없다(You can't manage what you can't measure)"는 말은 폐기물 정책에도 꼭 들어맞는다.

정량적 평가가 가능해야 한정된 자원을 어디에 집중해야 할지 판단할 수 있고, 정책의 실효성을 객관적으로 입증할 수 있다.

유럽연합(EU)의 순환경제 전략(CEAP)은 이러한 지표 기반 접근을 실제로 운영 중이다.

EU는 회원국별로 폐기물 관련 지표를 체계적으로 수집하고 모니터링

하며, 정책 성과를 비교·분석해 그 결과를 공개한다(EEA, 2023).

이런 방식은 두 가지 이점이 있다.

먼저, 정책 개선이 필요한 국가를 정확히 진단할 수 있고, 다음으로, 다른 국가의 모범사례를 벤치마킹할 수 있다는 것이다.

예를 들어 독일이나 덴마크처럼 폐기물 매립률이 3% 이하인 나라는 정책이 성공적으로 작동하고 있다고 평가받고 있으며, 일부 동유럽 국가에는 인프라 확충이나 제도 개선을 위한 맞춤형 지원이 이루어지고 있다(CMS, 2013).

이처럼 정량적 지표는 단지 데이터를 쌓는 것이 아니라, 정책 혁신의 실마리를 제공하는 핵심 도구이다.

디지털 전환과 폐기물 관리 혁신

요즘은 기술 없이 정책을 말할 수 없다. 특히 폐기물 관리 분야에서도 디지털 기술은 단순한 효율성 개선을 넘어 패러다임 자체를 바꾸고 있다. 대표적인 예로, 인공지능(AI)을 기반으로 한 자동화 선별 시스템이 있다. 과학기술정보통신부(2022)의 연구에 따르면, 재활용 쓰레기 AI 선별 로봇은 사람보다 2배 이상 빠르게 쓰레기를 분류하고, 분당 최대 100개의 물체를 인식할 수 있을 정도로 높은 정확도를 자랑한다. 그 결과, 재활용률은 상승하고, 운영비는 최대 80%까지 절감될 수 있다고 한다.

이 기술은 특히 머신러닝 알고리즘이 계속 발전하면서, 이전에는 분류하기 힘들었던 복합재질 포장재나 난분해성 플라스틱까지도 정밀하게 분류할 수 있게 되었다.

이는 곧, 재활용 원료의 품질 향상과 자원순환 경제의 지속 가능성을 높이는 핵심 요소가 된다.

[그림 4] 재활용 쓰레기 선별 로봇(서울 도봉구 자원순환센터, 2022)

여기에 더해, 빅데이터와 사물인터넷(IoT) 기술도 새로운 변화를 이끌고 있다.

실시간 모니터링 시스템을 통해 폐기물의 발생 패턴을 시공간적으로 분석하고, 그에 따라 수거 차량의 경로를 최적화하거나, 처리시설 운영 효율을 극대화할 수 있다.

폐기물 정책의 명암: 성공과 실패의 갈림길

한국 수도권매립지: 직매립 금지 정책의 성과

폐기물 정책은 때로 한 국가나 도시의 탄소중립 미래를 가늠하는 바로미터가 된다.

한국의 수도권매립지는 서울, 경기, 인천 지역에서 발생하는 폐기물을 처리하는 핵심 시설로, 최근 몇 년 사이 강력한 정책 개입을 통해 주목할 만한 변화를 보여주고 있다.

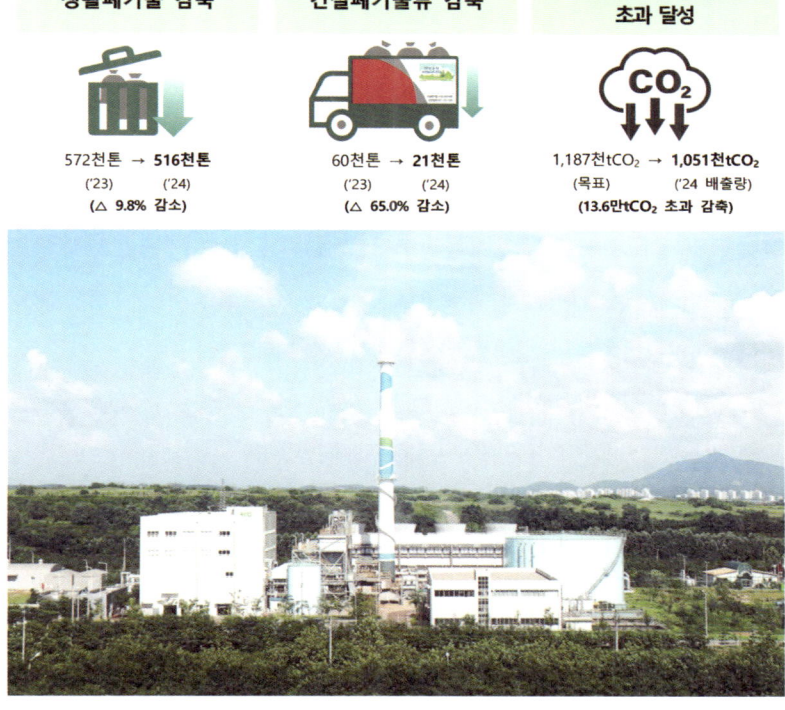

[그림 5] (상)지표로 본 2024년 성과, (하)50MW 발전시설(수도권매립지관리공사, 2024)

특히, 2020년 도입된 '생활폐기물 반입총량제'와 함께 2026년부터 시행 예정인 '생활폐기물 직매립 금지 정책'은 매우 획기적인 전환점으로 평가된다.

이러한 조치를 통해 매립지로 반입되는 폐기물의 양이 눈에 띄게 줄었고, 재활용률과 소각 열회수 비율도 체계적으로 증가하고 있다.

더불어, 50MW 규모의 매립가스 발전시설을 운영하면서 누적 약 882만 톤CO_2eq에 달하는 온실가스 감축 효과를 달성했다. 이는 단순한 환경성과를 넘어, 유엔 청정개발체제(CDM)를 통해 탄소배출권 크레딧을 확보하는 실질적인 경제적 성과로 이어졌다.

이 사례는 도시 폐기물을 체계적으로 관리하면 단순한 '환경정책'이 아닌 '탄소중립 전략'의 핵심 축이 될 수 있음을 실증적으로 보여준다.

유럽연합(EU): 순환경제 전략과 지표 활용

유럽연합(EU)은 폐기물 정책에 있어서 가장 모범적인 선도 사례를 만들어가고 있다.

2035년까지 생활폐기물 매립률을 10% 이하로 낮추고, 재활용률은 65% 이상으로 끌어올리겠다는 명확한 정량 목표를 설정했다.

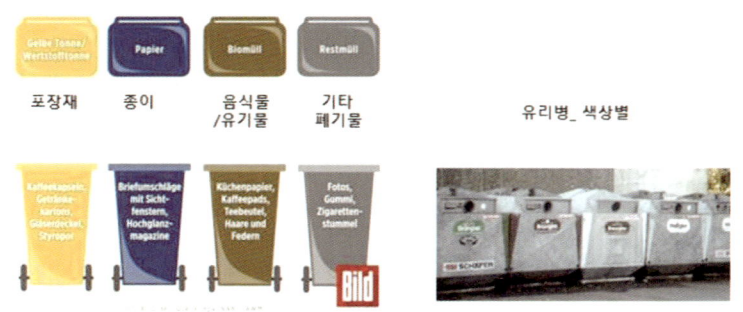

[그림 6] 독일 5가지 폐기물 분리수거함 (KICT, 2019)
연방법으로 독일 순환경제법(폐기물법)은 폐기물 감축(특히 매립폐기물), 자원과 환경보호 등을 목적으로 함

이 목표를 달성하기 위해 EU는 회원국별로 매년 폐기물 관련 지표를 수집·분석하고, 그 결과를 바탕으로 정책을 점검하고 조정하는 체계를 운영 중이다(EU, 2018).

이런 전략을 통해 독일, 덴마크와 같은 일부 선진국들은 소각 및 재활용 인프라를 빠르게 확충했고, 이미 매립률을 5% 미만으로 낮추는 데 성공했다.

반면 성과가 미진한 국가들에 대해서는 구조개혁 자금을 지원하는 차별화된 정책을 시행하고 있다.

이처럼 EU의 지표 기반 접근은 회원국 간의 정책 협력은 물론, 효율적인 자원 배분과 정책 개선을 이끌어내는 모범적인 사례로 평가받고 있다.

미국·일본: 대조적인 정책 결과

한편, 미국과 일본은 폐기물 관리에 있어 상반된 정책 구조를 가지고 있으며, 그에 따른 성과 차이도 뚜렷하게 나타난다.

[그림 7] 미국 내 주민사용 쓰레기통(KICT, 2019)
재활용 시스템이 법적의무가 아님

미국은 광활한 국토와 분권화된 행정 체계를 바탕으로 약 1,200개의 개방형 매립지를 운영하고 있다.

이로 인해 전통적으로 매립 중심의 폐기물 처리를 이어오고 있으며, 재활용 시스템 역시 연방 차원에서 법적으로 의무화되어 있지 않다(리싸이클링백서, 2021).

반면, 일본은 2000년 순환형 사회형성 추진 기본법을 제정해 3R(Reduce, Reuse, Recycle) 정책을 강력히 추진하고 있으며, 도시 내 소각 시설을 전략적으로 배치해 재활용률을 크게 높이고 있다.

또한 철저한 분리수거 시스템을 구축해 매립률을 1~5% 수준으로 낮추는 데 성공했다(Luk, 2021).

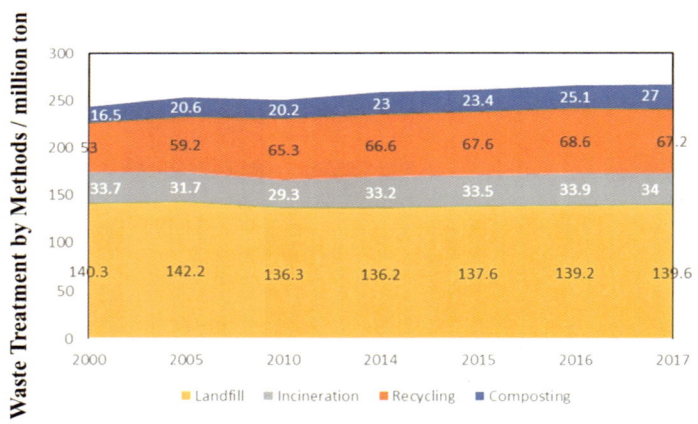

[그림 8] 미국 처리방법별 폐기물량 비율(리싸이클링백서, 2021)

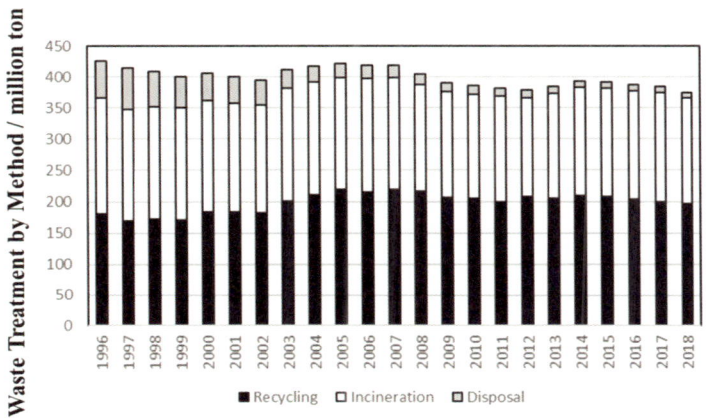

[그림 9] 일본 처리방법별 폐기물량 비율(리싸이클링백서, 2021)

  이러한 정책 차이는 온실가스 배출 구조에도 큰 영향을 준다.

  예를 들어, 미국은 매립 의존도가 52.1%에 달해 2022년 기준으로 매립지에서 발생하는 메탄의 배출량이 약 1억 1,980만 톤으로 추정된다(EPA, 2022).

  반면, 일본의 주요 도시들은 재활용 및 에너지화 비율이 90%에 근접하고 있으며, 이로 인해 온실가스 배출을 보다 효율적으로 억제하고 있다.

  이처럼 국가 간 비교 분석은 어떤 전략이 효과적인지 분명히 보여준다.

  또한 각국의 지리적, 사회적, 행정적 특성을 반영해 폐기물 정책을 설계해야 함을 시사한다.

정책 효과 측정과 개선 방안

지표 기반 정책 의사결정

 데이터에 기반한 의사결정 체계는 폐기물 관리 정책의 효과를 극대화하는 핵심 전략이다. 정량적 목표 설정과 실시간 모니터링, 그리고 결과에 따른 정책 조정이 순환적으로 이루어질 때 정책 효과가 극대화된다. 예를 들어, EU의 순환경제 모니터링 프레임워크(2018)는 10개 핵심지표와 27개의 세부지표를 기반으로 회원국별 성과를 체계적으로 추적하고 이를 정책 개선에 반영하는 순환적 구조를 갖추고 있다. 이러한 접근법은 정책의 효과성을 과학적으로 검증하고, 한정된 자원을 효율적으로 배분하는데 기여한다.

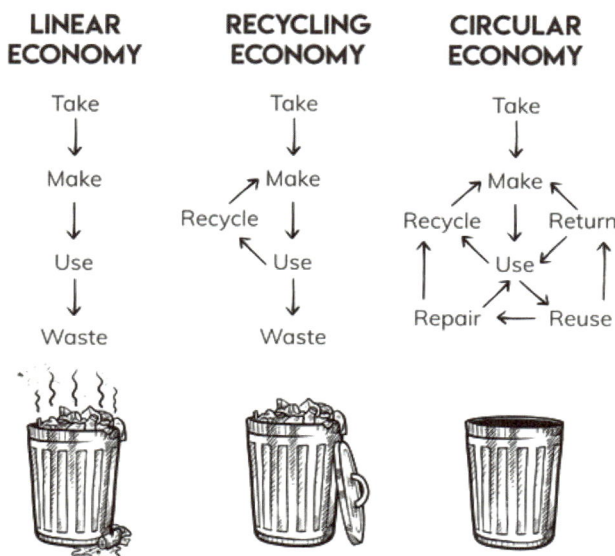

[그림 10] 선형경제 vs. 자원순환 경제 vs. 순환경제 개념(thercollective.com)

또한 지자체별 성과가 지표로 공개되면, 시민과 기업의 참여 동기가 상승하고, 정부 정책의 신뢰도가 높아진다. 특히 폐기물 관리와 같이 다양한 이해관계자의 협력이 필수적인 영역에서 데이터 투명성은 사회적 합의 협성과 행동 변화를 유도하는 강력한 도구로 작용한다. 2025년 2월 전면 개편된 서울시 강남구의 '자원순환 종합포털(前 청소 종합포털)'은 자치구별 폐기물 발생량, 재활용률, 처리비용 등을 실시간으로 공개함으로써 시민들의 관심을 환기하고, 자치구 간 선의의 경쟁을 촉진하는 효과를 창출했다. 이러한 투명성 강화는 시민들의 자발적 참여와 함께 정책 수용성 향상에도 기여한 것이다.

인프라 확충과 규제 병행

폐기물 정책에서 자주 등장하는 문구 중 하나는 "매립을 금지한다"이다. 하지만 단지 규제만으로는 한계가 있다. 매립률을 효과적으로 낮추기 위해서는 ▲ 소각장, ▲ 재활용 선별장, ▲ 바이오가스 처리시설 등 대체 인프라를 충분히 확보하고 함께 확충해야 실질적인 변화를 만들 수 있다(수도권매립지관리공사, 2025). 또한 이런 인프라 구축 과정에서 주민 수용성을 높이기 위한 인센티브 제도, 그리고 운영과 성과를 공유하는 투명한 정보공개 시스템 역시 반드시 병행되어야 한다. 이런 장치는 정책의 사회적 기반을 강화하고, 시설 운영에 대한 신뢰를 형성하는 데 큰 역할을 한다.

정량적 지표는 이러한 인프라 투자의 효과를 추적하고, 필요한 개선점을 파악하는 데 유용한 도구로 활용될 수 있다.

스마트 기술 도입

앞서 살펴본 것처럼, 폐기물 관리의 효율성과 지속 가능성을 높이기 위해서는 스마트 기술의 도입이 필수적이다. 예를 들어, AI 기반의 자동 선별 로봇, IoT가 탑재된 스마트 쓰레기통, 드론을 활용한 매립지 모니터링 등은 기존의 노동집약적인 시스템을 혁신적으로 개선하는 데 큰 역할을 하고 있다. 이러한 기술들을 단순히 도입하는 데 그치지 않고, 정량적 지표로 체계화해 "우리 도시는 스마트 기술을 어느 수준까지 활용하고 있는가?"를 평가하는 것이 중요하다. 도시별로 디지털 전환 수준을 객관적으로 진단할 수 있으면, 우수 사례를 빠르게 확산하고, 기술 도입의 비용 대비 효과성을 분석하여 자원의 최적 배분도 가능해진다.

국제 협력과 통합 지표 개발

기후위기와 폐기물 문제는 어느 한 나라만의 일이 아니다. 초국경적인 위기이자, 전 지구적 협력이 필요한 과제이다. 특히 폐기물 관리 역량이 부족한 개발도상국에 대해서는 선진국의 기술 공유, 정책 자문, 금융 지원이 함께 이루어져야 한다. 이런 국제 협력이 효과를 거두기 위해서는, 먼저 공통된 정책 기준과 정량화된 지표 체계가 필요하다. 유엔기후변화협약(UNFCCC)의 파리협정 제6조에서도 폐기물 감축 실적을 평가하고, 그에 따라 탄소크레딧을 발급하는 방식이 표준화되고 있다.

쓰레기, 위기에서 기회로: 탄소중립 도시의 마지막 퍼즐

　스마트 넷제로시티는 기후위기 시대에 도시가 탄소중립을 향해 나아가는 통합적 비전으로, 디지털 혁신과 환경정책을 융합하는 것이 핵심이다. 여기에서 논의한 도시 폐기물 관리는 이러한 비전의 실현을 가속화하는 주요 축으로, 직매립 금지, 재활용 및 에너지화 확대, AI·IoT 등 스마트 기술의 전략적 활용이 폐기물 부문의 탄소배출 저감과 자원순환을 촉진하는 효과적인 수단임을 확인하였다.
　이러한 정책적 개입의 효과성은 체계화된 평가지표를 통해 명확히 가시화되며, 재활용률, 매립률, 1인당 발생량, 폐자원 에너지화율 등의 지표를 지속적으로 측정·공개함으로써 시민사회와 민간부문의 참여를 유도하고 정책 투명성을 제고할 수 있다. EU의 순환경제 지표 기반 회원국 비교·지원 사례와 한국 수도권매립지의 반입총량제 성과는 이러한 접근의 효과성을 명확히 입증한다.

　결국, 정책의 효과는 '지표'로 증명될 수 있을 때 비로소 현실적인 힘을 가진다. 그리고 이러한 지표가 점차 개선되고 있다는 사실은 도시가 탄소중립 목표에 점점 더 가까워지고 있다는 뜻이기도 하다. 그래서 지금 필요한 것은 단순한 선언이 아니라, 폐기물 관리를 포함한 모든 도시 부문에서 지표 기반 성과 관리 체계를 구축하는 것이다. 이 시스템은 단지 숫자를 수집하는 데 그치지 않고, 현재 상태를 진단하고, 개선 방향을 제시하며, 시민과 기업의 참여를 유도하고, 지속 가능한 미래로 나아가는 지속적 추진력을 만들어낼 것이다.

나아가, 이러한 지표는 국제 협력에서도 중요한 역할을 한다. 표준화된 지표 체계는 여러 나라가 같은 기준에서 경험을 공유하고, 성과를 비교하며, 공동의 목표를 추구하는 글로벌 지식 공유 플랫폼으로 작동한다. 탄소배출권 거래 등 국제적인 환경 협력 사업에서도, 폐기물 감축 실적을 정량적으로 평가하고 인증하는 시스템은 필수적인 기반이다. 이는 국가 간 협력의 투명성과 효율성을 동시에 높여주는 중요한 장치가 된다.

도시의 폐기물 관리는 더 이상 '쓰레기 처리'가 아니다. 이제는 스마트 넷제로시티를 실현하는 데 있어 가장 중요한 전략 중 하나이며, 도시의 미래를 결정짓는 전략이다. 정량적 지표를 중심으로 한 과학적 접근, 그리고 시민사회와 민간부문의 적극적인 참여가 결합될 때, 폐기물 정책은 위기를 기회로 바꾸고, 도시는 한 걸음 더 탄소중립에 가까워질 수 있다.

참고문헌

- Amager Resource Center(ARC). (2025-03-01). https://a-r-c.dk/amager-bakke
- Circular Economy vs. Linear Economy, 2019., The R Collective, www.thercollective.com.
- CMS, 2013, Waste Management in Central and Eastern Europe.
- EEA. (2023). Tracking waste prevention progress.
- How methane from landfills impacts climate change, Plastic collective, Aug 14, 2014. https://www.plasticcollective.co/how-methane-from-landfills-impacts-climate-change/
- IPCC AR6 Global Warming Potential Values(GHG Protocol, 2024.8.)

- IWM, (2019). Wasteaware Benchmark Indicators for Intergreated Sustainable Waste Management in Chinese Cites.
- LEE, S., & YOO, K. (2021). Waste and Recycling Status of Europe, Japan and USA. Resources Recycling. The Korean Institute of Resources Recycling. https://doi.org/10.7844/kirr.2021.30.1.92
- Lishan Xiao et al. (2023). Assessment of Waste Management Efficiency Using Subjective and Objective Indicators in 26 Major Chinese Cities.
- Luk, K. (2021). How strict waste management in Japan alleviated its environmental impact. Earth.Org. https://earth.org/japan-waste-management
- Olczak, M., Piebalgs, A., & Balcombe, P. (2023). A global review of methane policies reveals that only 13% of emissions are covered with unclear effectiveness. One Earth, 6(5), 519–535. https://doi.org/10.1016/j.oneear.2023.04.009
- Shekhar Sharma, et al. (2024). Leveraging Waste-to-Energy Technologies for Sustainable Development: A Comprehensive Review. E3S Web of Conf. 529, 02010(2024). https://doi.org/10.1051/e3sconf/202452902010
- Shijun Ma, et al. (2024). Decreasing Greenhouse Gas Emissions from the Municipal Solid Waste Sector in Chinese Cites. Environmental Science & Technology 2024 58(26), 11342–11351. https://doi.org/10.1021/acs.est.4c00408
- UNEP. (2024). Global Waste Management Outlook 2024.

지속가능한 도시를 위한 녹색건축 인증제도의 통합적 정착 방안 연구

표순례 | 일송 조은 농원 대표

우리는 삶의 질을 높이기 위해 끊임없이 자연 훼손과 변형을 추구해 오고 있다. 젊은 시절부터 부동산 실무와 건축·개발 분야에 몸담아 오면서 앞으로 어떤 방식이 우리에게 필요하고 지속가능성을 갖는지 관심이 많았다.

도시환경은 인간의 경제적 가치관보다 더 중요하다고 생각했다. 그런 관점에서 토지와 정착물을 어떻게 관리해야 환경을 보존하고 삶의 질을 높일 수 있을지를 공부하고 싶었다.

이 같은 생각으로 도시계획 박사과정을 공부하여 학위를 받았다. 미래 세대가 자연과 조화를 이루며 살아가길 바라며, 녹색도시로 발전시킬 정책들을 연구해 왔다. 현재 작은 농원을 운영하고 있다.

녹색건축 인증제도의 필요성과 현황

　우리나라는 2002년부터 본격적으로 '녹색건축 인증제도'를 운영해 왔다. 친환경 건축을 장려하고 에너지 절약과 환경 보호를 위해 시작한 제도이다. 벌써 20년이 지났지만 외국에 비하면 아직 걸음마 단계에 머물러 있는 것이 현실이다. 특히, 건축물에서 사용되는 에너지나 자원을 절약하고 재활용하는 문제는 환경뿐만 아니라 사회, 경제, 제도의 여러 분야와 복잡하게 얽혀 있다.

　세계 여러 나라의 전문가들은 기후변화를 심각하게 생각하고 대응하고 있는 반면, 우리나라는 에너지 소비가 많고 탄소를 많이 배출하면서도 기후변화에 대한 인식이 낮은 편이며, 실제 정책이나 건축 현장에서 적극적으로 움직이지 못하는 아쉬운 상황이다. 이러한 이유로 1997년부터 녹색건축 인증제도를 실행해 왔지만, 아직 뚜렷한 성과를 내지는 못하고 있다. 앞으로는 단순히 경제성만 따지는 시대가 아니라 환경을 먼저 생각하는 가치관으로 바뀌어야 할 때이다. 현재 우리에게 녹색건축 인증제도가 왜 중요한지, 어떻게 하면 제대로 자리 잡을 수 있을지, 그리고 사회와 경제, 제도가 함께 움직이는 방법에 대해 쉽게 풀어보려 한다.

녹색건축, 우리가 함께 만들어가야 한다

지금 세계는 기후 위기에 대응하기 위해 다양한 노력을 하고 있다. 특히, 선진국들은 산업화를 통해 경제 성장을 이루는 과정에서 생긴 환경 문제를 해결하기 위해 발 빠르게 움직이고 있다. 최근에는 단순히 건축 환경만 생각하는 것이 아니라 사회, 경제, 문화까지 아우르는 지속 가능한 발전을 추구하는 글로벌 흐름이 강해지고 있다. 우리나라도 이런 흐름에 발맞춰 녹색건축을 활성화하려고 노력하고 있다.

하지만 현실을 들여다보면, 우리나라의 녹색건축 인증제도는 새로운 건물이나 대형 건물을 중심으로만 정책이 추진되다 보니 실제 기대효과는 크지 않은 상황이다. 건축물의 친환경 기술도 해외에 비해 체계적으로 정리되지 않았고, 기술을 전달하거나 공유하는 방법도 미흡한 편이라 이제는 녹색건축 인증제도를 활성화하기 위한 대안을 마련해야 할 때이다.

한편, 세계 친환경 건축 시장은 빠르게 성장하고 있다. 포춘 비즈니스 인사이트(Fortune Business Insight) 친환경 건축자재 시장 규모 및 성장 보고서(2032)에 따르면, 세계 친환경 건축자재 시장은 2024년 4,742억 1천만 달러에서 2032년 1조 1,995억 2천만 달러로 성장할 것으로 예상하고 있다. 미국과 유럽에서는 수백만 명의 일자리가 만들어졌다. 최근에는 에너지 사용을 최소화하는 '제로 에너지 건축'도 활발히 추진되고 있다.

사람과 환경이 함께 행복해지는 녹색건축

녹색건축이 제대로 자리 잡으려면 기술이나 건축 기준뿐만 아니라, 사람들이 살아가는 사회 속 균형도 함께 생각해야 한다. 이 글에서는 녹색건축이 우리 공동체에 어떤 영향을 미치고, 또 어떻게 하면 모두가 참여할 수 있을지 고민해 보았다.

먼저, 녹색건축과 관련된 여러 연구를 살펴보니 사회, 환경, 경제, 제도라는 네 가지 중요한 요소가 있다는 걸 알 수 있었다. 사회적 측면에서는 주민들의 삶의 질이 좋아지고, 일자리가 늘어나며, 교육이 발전하고, 고령화 문제나 지역 사회 봉사도 함께 해결할 수 있다는 점, 환경적 측면에서는 생태계를 보호하고, 오염 물질을 줄이며, 깨끗한 공기와 물을 지키고, 자원을 아끼고 다시 쓰며, 지구온난화를 막는 데도 도움이 되고, 건강하게 오래 살 수 있는 환경을 만드는 것이다. 경제적 측면에서는 에너지를 아끼면 건물 유지비도 절약할 수 있고, 사람들이 일하기 좋은 환경이 되니 생산성이 높아지며, 멋진 건물 이미지를 통해 도시의 가치도 높아진다. 마지막으로 제도적인 부분도 중요하다. 기후 변화에 대응하기 위한 법과 제도를 만들고, 깨끗한 물과 에너지를 안정적으로 공급하며, 재난에 대비한 환경 교육을 강화하고, 세금 혜택이나 금융 지원 같은 인센티브도 마련해야 한다. 또한, 녹색 제도나 정책이 건물주, 임차인, 건축가, 전문가 등 다양한 사람들이 자발적으로 협력해서 지역 사회 전체가 함께 움직여야만 효과가 나타난다. 그래서 앞으로는 사회적 자본과 녹색건축, 지속 가능한 발전을 하나로 연결하는 통합 정책이 우리가 가야 할 길이다.

위기를 기회로 바꾸는 녹색건축

우리가 살아가는 도시는 에너지와 자원이 점점 줄어들고, 기후변화로 인한 문제도 점점 심각해지고 있기 때문에, 녹색건축을 통해 위기를 새로운 기회로 만드는 방법이 필요하다. 녹색건축을 활성화하려면 단순히 기술만 발전시키는 것이 아니라, 사람들의 신뢰와 협력 같은 '사회적 자본'이 함께해야 더 많은 사람들이 참여하고, 에너지와 원유 자원을 절약할 수 있으며, 도시 안의 도로, 수도, 전기 같은 인프라 유지 비용도 줄일 수 있다. 이로 인해 새로운 일자리가 만들어져 지역 경제에도 도움이 된다.

세계 여러 나라들은 이러한 효과를 알기에 이미 제로 에너지 정책을 추진하며 환경을 지키기 위한 노력을 계속하고 있다. 우리나라도 녹색건축에 대한 공감대를 더 넓혀가기 위해 지역 주민들이 안정적, 환경적, 정책적, 제도적으로 세금 혜택이나 금융 지원 같은 인센티브 정보를 공유하는 접근이 필요하다.

녹색건축, 우리 삶을 바꾸는 실천

녹색건축 인증제도는 우리가 살아가는 사회와 환경, 경제를 함께 지속 가능하게 만들기 위한 방법이며, 이 제도를 통해 기대할 수 있는 효과는 크게 사회적, 경제적, 환경적, 제도적 측면으로 나눠볼 수 있다.

① 사회적 지속 가능성

녹색건축 시스템 덕분에 쾌적한 생활이 가능해지며, 사회 구성원들이 함께 참여하면서 공동체 의식을 키울 수 있다. 또한, 고령화 시대에도 단독주택과 공동주택에 고효율 LED 조명을 설치하거나 창호를 교체해 에너지를 절약하면 비용도 아끼고 쾌적한 생활을 누릴 수 있다.

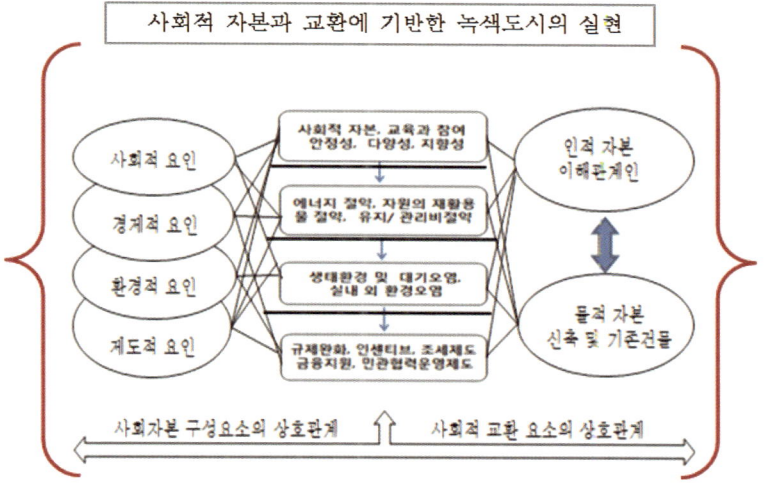

② 경제적 지속 가능성

녹색건축은 정부에서 에너지 절감 효과가 있는 건물에 대해 무이자 대출이나 세금 혜택 같은 지원도 해주고 있으며, 단열 성능을 높여 난방비를 줄이고, 전력 차단 장치를 설치해 전기료를 아끼는 등 생활 속에서 경제적 이익을 경험할 수 있다.

③ 환경적 지속 가능성

녹색건축은 화석연료 사용을 줄이고 탄소 배출을 감소시키며, 지구를 지키고 생태계를 보호한다. 특히, 고효율 보일러나 외벽 단열 개선을 통해 에너지를 절약하고, 쾌적하면서도 건강한 환경을 유지할 수 있다.

④ 제도적 지속 가능성

　이러한 녹색건축이 꾸준히 이어지려면 정부나 지자체가 적극적으로 나서서 교육을 하고, 기술을 개발하며, 자금을 지원해야 한다. 무료 교육, 전문가 컨설팅, 저리 대출, 다양한 인센티브를 통해 시민들이 쉽게 참여할 수 있는 환경을 만드는 작은 노력들이 모이면, 건강하고 경제적인 지구를 지키는 지속 가능한 삶을 이끌어 내기 위한 제도적 뒷받침이 될 수 있다.

　녹색건축이 우리 사회에 자리 잡으려면 무엇이 필요할까요? 연구를 통해 몇 가지 중요한 방향을 찾을 수 있다.

함께 만들어가는 녹색건축, 지역과 사람이 답이다

　녹색건축이 우리 사회에 뿌리내리기 위해서는 기술만으로는 부족하다. 사람들 사이의 신뢰, 규칙, 그리고 서로 돕는 네트워크 같은 '사회적 자본'이 함께 작동해야 비로소 효과를 낼 수 있다. 특히, 정부와 지자체가 역할을 나누어 지역별로 녹색건축을 잘 실천할 수 있는 환경을 만들어야 한다. 그중에서도 이미 사회적 자본이 잘 형성된 지역을 먼저 선정해 다양한 혜택을 주는 것이 효과적이다. 예를 들어, 에너지 절약을 위해 노력하는 지역에는 인센티브를 주고, 금융 지원이나 기술 지원도 함께하는 것이다. 또 하나 중요한 점이 있다. 기존 건물에서 에너지 성능을 높이려면 공사비가 요구된다. 그런데 이 비용을 대출에 의존하지 않고 건물주 스스로 준비할 수 있도록 법과 제도를 개선하는 것이 필요하다. 특히, 한 건물을 여러 용도로 나누어 쓰는 경우(예: 상가와 주거 공간이 함께 있는 건물)에도 관리와 개선이 쉬워지도록 법적인 뒷받침이 되어야 한다.

이렇게 정부와 지자체, 그리고 지역 주민이 함께 지혜를 모으면, 에너지를 절약하고 온실가스를 줄이는 녹색건축이 우리 생활 속에 더 빨리 자리 잡을 수 있는 통합적 접근 방법이 될 것이다.

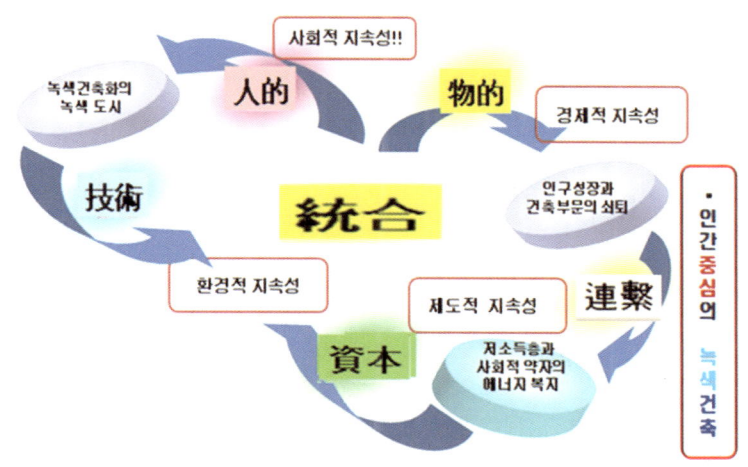

앞으로 더 나아가기 위한 녹색건축의 과제

첫째, 녹색건축이 제대로 자리 잡으려면 객관적이고 합리적이며 실효성 있는 정책이 필요하다. 특히, 건물주나 주민들, 전문가 등 여러 사람이 참여해 물적·인적 자원을 효과적으로 활용할 수 있는 구체적인 계획을 세우는 연구가 더 이루어져야 한다.

둘째, 신축 건물과 오래된 건물에 사는 사람들이 자발적으로 녹색건축에 관심을 갖고 함께할 수 있도록, 도시계획과 녹색건축 인증제도를 잘 통합하는 방법을 찾는 것이 우리 모두의 공감대를 형성하고 자발적인 참여를 유도하는 대안이 될 것이다.

셋째, 기존 건물을 녹색건축으로 바꾸기 위해서는 정확한 통계 자료가 있어야 한다. 어떤 건축 자재를 얼마나 쓰는지, 폐기물은 어떻게 처리하는지, 녹색 제품은 어떻게 재활용하는지 등을 담은 통계 자료를 구축하는 제도를 개선하는 연구도 필요하다.

넷째, 각 건물의 에너지 사용 상태를 전문적으로 진단하고, 추가 비용이 얼마나 드는지를 분석해 보여주는 맞춤형 컨설팅과 통합하면 건물 가치는 높아지고, 토지값도 상승할 수 있다. 이를 위해 중앙정부와 지자체가 역할을 잘 나누어 협력하는 방안도 마련해야 한다.

마지막으로, 녹색건축이 성공하려면 지자체, 도시계획 전문가, 주민 등 여러 사람이 협력할 수 있는 지원 체계와 설문조사나 통계를 통해 사람들의 의견을 듣고, 민간이 적극적으로 참여할 수 있도록 금융 지원, 세금 감면, 용적률·건폐율 혜택, 기술 지원 같은 다양한 방법을 마련해 우리 모두가 함께 고민하고 참여하면서 더 나은 도시를 만들어가는 과정이 필요하다. 앞으로 이러한 과제들을 차근차근 풀어나간다면 더욱 건강하고 지속 가능한 삶을 이어갈 수 있을 것이다.

제3장

기술과 제도가 만나는 도시의 미래

> "
> 미래의 도시는 스마트함만으로 완성되지 않는다.
> 기술보다 사람이 먼저다.
> "

5차 산업혁명의 문턱에서

박석규 | 인천도시공사 팀장, 인하대학교 대학원 겸임교수

도시계획학 박사학위를 취득하고 현재 인하대학교 대학원 도시계획학과 겸임교수이며, 인천도시공사 사업관리팀장으로 재직 중이다. 영국 상업용부동산 감정평가사(MRICS), 미국 상업용부동산 투자분석사(CCIM), 건설VE전문가(CVP), 건설사업관리사(CMP) 자격을 보유하고 있으며, 국방부, 인천광역시, 경기도 등의 기술 분야 위원회에서 활동하고 있다. 도시개발과 건설사업관리 분야에서 실무와 이론을 바탕으로 다양한 공공개발 사업을 수행해 왔다.

빠르게 변화하는 세상 속에서 우리는 지금 어떤 시대를 살고 있는지 살펴보고자 한다. 산업의 과거와 현재를 이해하면, 앞으로의 변화를 예측하는 데 도움이 된다. 산업의 변화는 단순한 기술 발전이 아니라, 사회와 국가를 넘어 세계적인 권력 구조에도 큰 영향을 미친다. 따라서 산업혁명의 흐름을 이해하면, 개인의 삶의 방향을 정하는 데도 중요한 역할을 하게 된다.

예고없이 찾아온 5차 산업혁명의 시대

'산업혁명'이라는 단어는 1827년 8월 12일, 프랑스의 '예술가 저널(Journal des Artistes)'이라는 잡지에서 처음 등장하였다. 이 잡지에서는 '예술이 산업 대혁명(Grande Revolution Industrielle)에 미치는 영향'에 대해 언급하였으나, 기사를 작성한 사람은 정확히 알려지지 않았다. 이후 몇몇 유럽 학자들이 산업혁명이라는 개념을 사용하기 시작하였으며, 이 용어를 널리 퍼뜨린 사람은 영국의 경제사학자 아널드 토인비(Arnold Toynbee)였다.

아널드 토인비는 산업혁명이 가져온 사회적 변화, 즉 급격한 인구 증가, 영국 남부와 북부의 인구 밀도 차이, 농업의 발전, 공장제도, 무역 확대, 지대 상승 등의 주제를 강연하였다. 그는 1852년에 태어나 1881년부터 1882년까지 옥스퍼드대학교 베일리얼 칼리지(Balliol College)에서 강의를 진행하였다. 그러나 30대 초반의 젊은 나이에 세상을 떠났으며, 그가 사망한 이듬해인 1884년에 출판된 《18세기 영국 산업혁명 강의(Lectures on the Industrial Revolution in England)》라는 책을 통해 '산업혁명'이라는 개념이 널리 알려지게 되었다. 현재까지도 경제사에서 가장 많이 연구되는 주제 중 하나가 바로 산업혁명이다.

1차 산업혁명: 증기기관과 기계화의 시작

최초의 산업혁명, 즉 1차 산업혁명 은 증기기관의 기계화를 의미한다. 열에너지를 이용해 기계를 작동시키려는 아이디어는 이미 1세기경, 고대 그리스의 수학자 헤론(Heron) 이 '아에올리스의 공(Aeolipile)'을 설계하면서 등장하였다. 이후 1699년, 토머스 세이버리(Thomas Savery) 가 광산에서 사용할 수 있는 초기 형태의 증기기관을 발명하였다.

세이버리의 증기기관은 이후 토머스 뉴커먼(Thomas Newcomen)에 의해 개량되었다. 뉴커먼은 1712년 세이버리와 협력하여 더 나은 성능의 증기기관을 개발하였으며, 이 기계는 이후 많은 공장에서 사용되었다. 그러나 이 증기기관은 여전히 효율성이 낮았으며, 이를 획기적으로 개선한 인물이 바로 제임스 와트(James Watt) 였다.

1769년, 와트는 기존 증기기관의 문제였던 냉각 과정에서의 에너지 손실 을 줄이는 방법을 개발하여 특허를 획득하였다. 이로 인해 와트는 증기기관의 열효율을 대폭 향상시킨 대표적인 인물로 평가받고 있다.

이와 동시에 섬유 산업에서도 큰 변화가 일어났다. 1764년, 제임스 하그리브스(James Hargreaves) 가 손으로 돌리는 '제니 방적기(Spinning Jenny)'를 발명하였다. 이후 1769년, 리처드 아크라이트(Richard Arkwright)가 수력(water-powered)을 이용한 방적기를 개발하면서, 공장의 기계화가 본격적으로 시작되었다.

이러한 기술의 발전으로 공장이 생겨났으며, 생산량이 급격히 증가하였다. 또한, 공장에서 생산된 제품을 운송하기 위한 철도망이 구축되면서, 철도역을 중심으로 새로운 도시들이 형성되기 시작하였다.

2차 산업혁명: 전기와 석유, 그리고 대량생산의 시대

2차 산업혁명은 19세기 말부터 20세기 초까지의 기간을 의미한다. 이 시기에는 영국뿐만 아니라 미국과 독일에서도 공업 생산력이 크게 증가하였다. 전기, 석유, 철강, 화학 분야에서 기술 혁신이 이루어졌으며, 특히 '전기에너지 산업화' 의 시대라고 할 수 있다.

이 시기에는 자동차를 비롯한 운송수단이 혁신되었으며, 영화, 라디오, 축음기의 개발을 통해 대중의 문화적 요구에도 부응하였다. 석탄보다 훨씬 효율적인 석유가 등장하면서 성능이 뛰어난 대형 기계들을 자유롭게 사용할 수 있게 되었다. 또한, 이러한 기계를 가동시키기 위해 전기가 발명되면서 인류의 생산성이 기하급수적으로 증가하였다.

3차 산업혁명: 컴퓨터와 인터넷 정보화의 시대

3차 산업혁명은 경제학자 제레미 리프킨(Jeremy Rifkin)이 2011년 출간한 저서 《제3차 산업혁명(The Third Industrial Revolution)》에서 언급되었다. 1980년, 앨빈 토플러(Alvin Toffler)가 그의 저서 《제3의 물결(The Third Wave)》에서 정보화 사회로의 전환을 이야기하기는 하였지만, '제3차 산업혁명'이라는 용어를 직접 사용하지는 않았다.

3차 산업혁명의 시기는 일반적으로 1970년대에서 1990년대 중반까지로 본다. 이 시기에는 컴퓨터, 인공위성, 인터넷 등의 발명이 이루어졌으며, '컴퓨터·인터넷 정보화' 의 시대라고 할 수 있다.

컴퓨터와 인터넷의 보급으로 전자기술과 IT 기술이 일상생활에 깊이 자리 잡게 되었다. 컴퓨터 기술이 발전하고 소형화되면서 개인용 컴퓨터의 보급이 급격히 증가하였다. 특히, 인터넷이 상용화되면서 누구나 손쉽게 정보를 검색할 수 있는 환경이 조성되었으며, 이러한 변화가 사회 전반에 걸쳐 큰 영향을 미쳤다.

4차 산업혁명: 인공지능과 초연결 지능화의 시대

4차 산업혁명은 2016년 스위스 다보스에서 열린 제46차 세계경제포럼(World Economic Forum, WEF)에서 처음 언급되었다. 이 개념을 제시한 인물은 포럼 의장이자 독일의 경제학자인 클라우스 슈바프(Klaus Schwab)였으며, 이후 그의 저서 《제4차 산업혁명(The Fourth Industrial Revolution)》을 통해 널리 알려지게 되었다.

대한민국에서도 2017년에 '대통령직속 4차산업혁명위원회'를 설립하였으며, 4차 산업혁명은 데이터, 네트워크, 인공지능(D.N.A) 등의 지능정보 기술을 기반으로 다양한 기술, 산업과 융합하여 국가 사회 전반에 혁신을 일으키고 있다고 평가하고 있다.

4차 산업혁명의 시대정신은 VUCA로 요약할 수 있다. VUCA는 변동성(Volatility), 불확실성(Uncertainty), 복잡성(Complexity), 모호성(Ambiguity)을 의미한다. 인공지능과 과학기술이 빠르게 발전하고 있기 때문에 개인과 기업뿐만 아니라 정부 차원에서도 신속하게 대응할 필요가 있다.

4차 산업혁명을 대표하는 핵심 기술은 인공지능(AI), 빅데이터(Big Data), 사물인터넷(IoT)이다. 이러한 기술들은 온라인과 오프라인의 정보를 상호 연결하고 융합하면서 더욱 지능화된 사회로 변화하는 것을 촉진하고 있다. 또한, 모든 산업 분야에서 혁신을 주도하는 중요한 역할을 하고 있으며, 이러한 변화를 '인공지능·빅데이터·초연결 지능화'의 시대라고 할 수 있다.

일부 전문가들은 아직 5차 산업혁명을 논하기에는 이르다고 주장하고 있다. 하지만 유럽위원회(European Commission)는 2021년 1월, 《산업 5.0 - 지속 가능하고 인간 중심적이며 회복력 있는 유럽 산업을 향하여(Industry 5.0 - Towards a Sustainable, Human-Centric and Resilient European Industry)》라는 보고서를 통해 4차 산업혁명을 넘어서는 새로운 산업 패러다임을 제안하였다.

또한, 2023년 11월에는 '5차 산업혁명 실천 커뮤니티'가 발족되었으며, 기존의 4차 산업혁명을 보완하는 개념으로 연구 및 혁신을 지속하여 보다 지속 가능하고, 인간 중심적이며, 회복력이 강한 산업으로의 전환을 모색하고 있다.

5차 산업혁명의 문턱에서

유럽위원회가 제안한 5차 산업혁명의 방향은 크게 3가지로 요약할 수 있다. 지속가능성, 인간 중심과 산업의 회복탄력성이다. 유럽위원회가 제안한 방향을 전 세계적으로 적용하기에는 제약사항이 있을 수 있으나, 그 추구하는 3가지 방향은 큰 의미가 있는데, 이는 산업이 가지는 큰 영향력이 가정, 사회, 국가의 변화를 이끌게 되기 때문이다.

2024년 1월에 미래학자인 '마이크 월시(Mike Walsh)'와 딜로이트(Deloitte)의 글로벌 생성 AI 혁신 리더인 '니틴 미탈(Nitin Mittal)'이 공동으로 포춘지에 기고한 기사 '5차 산업혁명은 기계가 아닌 마음에 의해 추진될 것(Industry 5.0 will be fueled by minds, not just machines)'에서 5차 산업혁명시대에는 인지적 효율성이 중요하며, AI와의 협업이 미래를 결정한다고 강조했다. 또한, 글로벌 패권과 관련하여 인공지능(AI) 산업은 각국의 이해관계 속의 중심에 자리잡고 있는데, 2025년 2월 10일에서 11일까지 프랑스 파리에서 열린 'AI 행동 정상회의(AI Action Summit)'의 폐막일에 미국 부통령 밴스(Vance)는 지금의 상황이 증기기관이나 강철의 발명과 동등한 '새로운 산업혁명(New Industrial Revolution)' 직면해 있다고 말하면서 AI 산업의 자유와 개방성을 강조하였다.

최소한 2025년 우리가 목도하고 있는 현실은 2016년 세계경제포럼에서 클라우스 슈바프 의장이 얘기한 4차 산업혁명의 기술들이 점진적으로 발전하는 것이 아닌 예상치 못한 급격한 기술의 변혁을 맞이하고 있고, 생성형 AI, 인간형 로봇, 양자컴퓨터 개발 등의 급격한 발전으로 5

차 산업혁명을 목도하고 있는 것이다.

　OpenAI의 '챗GPT(ChatGPT)'와 일론 머스크의 AI 기업 xAI에서 출시한 '그록 3(Grok 3)' 등 다양한 생성형 AI와 인간 형태를 닮은 휴머노이드(Humanoid) 로봇의 움직임을 보면 '사람은 로봇춤을 추는데, 로봇은 사람춤을 추는 시대'가 된 것 같다. 어쩌면 사람들이 극도로 빨리 변하는 기술의 변화를 따라가지 못해서 생기는 아이러니 일수도 있다. 현재의 생성형 AI는 거대언어모델(LLM; Large Language Model)에 기반해서 원고 작성, 이미지 생성, 웹 레이아웃 생성 등의 텍스트(Text) 기반의 역할을 수행하고 있지만, 몇 년안에 거대 행동 모델(LAM; Large Action Model)의 등장은 챗GPT와 같이 언어를 기반으로 한 LLM을 넘어 물리적인 실제 세상에서 작동하는 AI를 만나게 될 것이다. SF영화에서처럼 휴머노이드 로봇이 가사 노동뿐만 아니라 자녀 교육, 정서 교감 등의 일들을 할 수 있게 된다.

　5차 산업혁명 시대에는 앞서 살펴본 생성형 AI, 휴머노이드 로봇, 양자 컴퓨터(Quantum computer) 등이 대표적인 기술이 될 것으로 예상되고, 이중 양자컴퓨터는 기존 슈퍼컴퓨터와는 근본적인 차이가 있다. 슈퍼컴퓨터는 비트(0 또는 1)를 순차적으로 처리하는데, 예를 들어 미국의 '프론티어(Frontier)' 슈퍼컴퓨터는 초당 1.102경 연산을 수행해서 기후 모델링 같은 복잡한 시뮬레이션을 돌리는 반면, 양자컴퓨터는 큐비트(qubit)를 활용해 0과 1을 동시에 나타내며, '양자 중첩'과 '얽힘'을 통해 병렬 계산 능력을 극대화한다. 구체적인 사례로, 2019년 9월에 슈퍼컴퓨터로는 1만년이 걸릴 특정 문제를 구글의 양자컴퓨터 '시커모어(Sycamore)'는

3분 20초 만에 풀어서 과학계와 공학계에 파장을 일으켰다.

이는 암호 해독, 신약 개발, 최적화 문제에서 양자컴퓨터가 기존 슈퍼컴퓨터를 넘어서는 잠재력을 보여주며, 단순히 속도가 아닌 새로운 계산 패러다임을 제시하였고, 향후 초저온(-273℃) 문제와 진공 상태 여건 등을 해소하면 양자컴퓨터의 시대가 열릴 것이다.

5차 산업혁명은 인간 중심의 지속가능한 사회를 구축하기 위한 사회, 경제적 변화를 의미한다. 4차 산업혁명 당시에 일부 예견된 기술들이기는 하지만 현재의 극도로 빠른 변화는 기술의 발전, 세계 열강의 AI 패권 경쟁(미국, 중국, 유럽, 인도 등) 등에 집중되어 있지만 간과하지 말아야 할 것은 유럽의회에서도 제시한 지속가능성, 인간 중심과 산업의 회복탄력성이다. 이중에서도 '인간 중심'의 의미는 5차 산업혁명으로 일자리, 주요 의사 결정 단계 등에서 인간이 배제되지 않고, 인간 중심의 구도로 만들어 가야한다는 점이다. 향후 AI를 뛰어넘는 범용인공지능(AGI) 등의 출현으로 단순히 특정 작업에 특화된 기존 AI를 넘어 인간 수준의 지능을 갖춘 범용인공지능의 출현과 이를 탑재한 휴머노이드가 각종 도시 문제, 사회 문제 등의 해결을 위한 의사결정에서 인간의 판단을 배제하는 일이 없도록 기술 발전의 관리도 필요한 시점이다.

향후 5차 산업혁명의 모습

2020년경, 코로나19로 인해 물리적 공간 이동과 대면 교류에 제약이 발생하였다. 이를 해결하기 위해 전 세계적으로 디지털 혁신에 막대한 투자가 이루어졌으며, 최근에는 생성형 AI 의 발전, 데이터 세트와 같은 대규모 데이터 집합체, 컴퓨터 처리 속도 및 규모의 확장 등이 5차 산업혁명의 토대를 마련하였다.

역사적으로 보면, 새로운 산업혁명은 이전 산업혁명의 기술을 기반으로 발전해 왔다. 5차 산업혁명의 기술들도 근본적으로 4차 산업혁명의 틀 위에서 출발하였다. 즉, 5차 산업혁명은 4차 산업혁명의 연장선 에서 발전한 것으로, 생성형 AI, 휴머노이드 로봇, 로보틱스, 양자컴퓨터, 통신망, 블록체인 기술, 디지털 트윈, 모빌리티 혁신, 초연결성 등의 분야가 급속히 성장하였다. 또한, 기술 발전의 방향성 면에서 '사람 중심의 혁신' 이라는 개념적 전환을 꾀하고 있다.

먼저 실생활에서 체감될 사항들을 살펴보면 먼저, 이동 방식의 변화를 살펴보면, 모빌리티 혁신은 단순한 자율주행을 넘어 통합모빌리티 서비스(MaaS; Mobility as a Service)를 가능하게 한다. 예를 들어, 인천에서 울릉도로 여행을 갈 경우, 버스, 택시, KTX, 여객선, 호텔 등을 하나의 스마트폰 앱을 통해 한 번에 예약하고 이용할 수 있게 된다. 또한, 이러한 이동 수단들은 하이퍼루프(Hyperloop), Level 5 수준의 완전 자율주행 자동차, 도심 항공 교통(UAM) 을 통해 더욱 혁신적으로 발전하게 된다.

가정 내에서도 휴머노이드 로봇의 도움을 받아 일상생활을 영위하게 된다. 또한, 통신 기술은 5G를 넘어 7G 통신망으로 발전하여 더 빠른 속도, 낮은 지연 시간, 더 많은 연결성을 제공하게 된다. 로봇 기술도 발전하여 도시 물류(드론 배송), 방범 순찰 로봇, 원격 의료 지원 로봇 등의 형태로 확산되면서, 도시 서비스를 자동화하는 동시에 인간을 지원하는 방향으로 적용된다.

4차 산업혁명의 기반 위에서 5차 산업혁명의 핵심 기술들이 발전해 왔으며, 이는 기존의 예측 범위를 넘어선 수준으로 확장되고 있다. 예를 들어, 최근 엔비디아(NVIDIA) 연구진은 AI 기술을 활용하여 인류 5억 년의 단백질 진화 과정을 시뮬레이션하는 단계까지 도달하였다. 이러한 발전으로 인해 AI 기술이 어디까지 확장될 수 있을지 가늠하기 어려운 수준에 도달하였다. 또한, 일론 머스크(Elon Musk)가 밝혔던 xAI의 Grok 3 개발 목적이 '우주를 이해하기 위한 것'이라는 점에서 볼 때, 5차 산업혁명 시대에는 기술 혁신이 우주 산업에도 큰 변화를 가져올 것으로 예상된다.

5차 산업혁명의 시대에는 단순한 기술 발전뿐만 아니라, 인간 중심, 지속 가능성, 회복 가능성을 증진하는 방향으로 나아가야 한다. 인간이 행복하지 않은 기술 발전은 무의미하기 때문 이다.

앞으로 나아갈 방향….

현재 상황을 파악하기 위해 과거를 살펴보면, 영국에서 1769년 수력으로 기계화된 생산이 시작된 지 100여 년이 지난 후인 1881년에, 영국 경제사학자인 아널드 토인비(Arnold Toynbee)가 산업혁명에 따른 인구 증가, 지역 간 인구 밀도 차이, 농업혁명, 공장 제도, 무역 팽창, 지대 상승 등을 분석하고 강의를 시작하였다.

하지만, 5차 산업혁명의 핵심 기술로 떠오르는 생성형 AI, 양자컴퓨터, 모빌리티 혁신 등이 앞으로 인류의 생존과 번영에 미치는 영향이 가히 혁명적 수준이므로, 선제적으로 5차 산업혁명 기술이 우리가 살아가는 공간에 미치는 영향을 살펴보고자 한다.

옥스퍼드대학교 교수인 이언 골딘(Ian Goldin)과 도시학자인 로버트 머가(Robert Muggah)가 2021년에 공동 집필한 《앞으로 100년(Terra Incognita: 100 Maps to Survive the Next 100 Years)》에서는, 우리 인류가 직면하고 있는 문제와 향후 100년의 생존을 위해 해결해야 할 기후 위기, 도시화 등의 과제를 제시하였다. 이러한 문제들은 앞으로 100년간 인류의 생존을 위해 반드시 해결해야 할 문제들이며, 이를 해결하기 위해 5차 산업혁명의 기술을 잘 관리해야 한다.

기술 그 자체는 생존과 번영에 대한 양적 크기(Scalar)에 크게 기여할 뿐이며, 기술 자체가 번영으로 이끄는 방향성(Vector)을 가지지 않는 가치중립적인 도구이기 때문이다.

미국의 컴퓨터 과학자인 앨런 커티스 케이(Alan Curtis Kay)는 "미래를 예측하는 가장 좋은 방법은 그것을 발명하는 것이다." 라는 말을 남겼다.

마찬가지로, 5차 산업혁명의 급진적 기술들이 우리에게 득이 많을지, 실이 많을지는 불확실 하지만, 이러한 혁신적인 기술들은 지속 가능하고, 인간 중심적이며, 회복 탄력성이 있는 미래를 만들어 가는 도구 로 사용되어야 한다. 결국, 미래를 결정하는 가장 좋은 방법은 바로 그 미래를 우리가 만들어 가는 것이다.

인류의 문제를 고민하는 휴머노이드 로봇
〈출처: Grok 3를 활용하여 저자가 생성한 이미지, 2025.〉

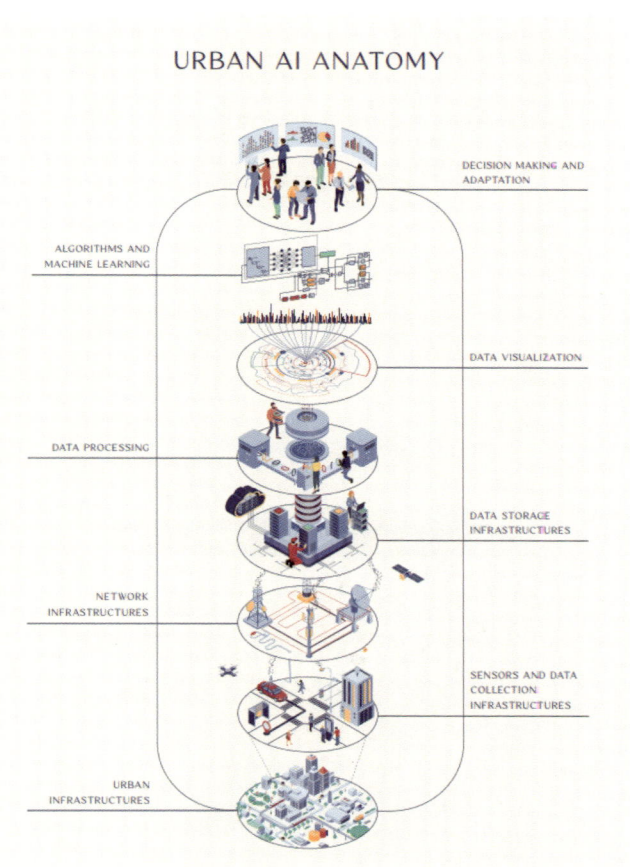

인공지능 도시(Urban AI) 구조도(Anatomy)
〈출처: Sarah Popelka 외, Urban AI Guide〉

* 위의 인공지능도시(Urban AI Anatomy)는 실제 도시에서 일어나는 일들을 AI가 측정, 데이터 처리해서 시각화하고, 최적화 과정을 거치지만 최종적으로 관련 전문가인 사람들이 결정(Decision)하는 구조도이다.

금융 산업의 ESG 경영과 기후변화 대응

윤영선 | IBK 기업은행 도당중앙지점장

- 인하대학교 정책대학원 부동산학과 석사 졸업
- 인하대학교 대학원 도시계획과 박사과정중
- 現, IBK 기업은행 도당중앙지점장

지난 한 해 동안 전 세계와 우리나라에서 집중호우, 폭염, 급격한 기온 변화가 발생했다. 이러한 현상들은 기후위기가 더 이상 먼 미래의 일이 아님을 보여주었다. 이제 기후위기는 우리가 당면한 실질적인 문제로 체감되고 있다. 이제 기후위기를 비롯한 ESG(Environmental, Social, and Governance) 환경 이슈는 단순한 경영 전략이 아니라 생존을 위한 필수적인 과제가 되었다. 이는 우리 모두가 함께 해결해야 할 공동의 숙제이기도 하다.

이러한 변화 속에서 사회 각 분야에서는 ESG 경영을 강화하고 있으며, 공공기관들도 계획을 수립하고 적극적으로 실천해 나가고 있다. 특히, IBK기업은행은 ESG 경영을 선도하는 대표적인 사례로 '2024 IBK 지속가능경영보고서'를 통해 환경과 기후변화 대응 전략을 공유하고 있다. 본 보고서를 통해 금융기관이 기후변화에 대응하는 구체적인 방안을 살펴보고자 한다.

IBK기업은행은 지속가능한 발전을 위해 UN의 지속가능발전목표(UN SDGs) 달성에 기여하고 있으며, 2009년 UN 글로벌 콤팩트(UNGC)에 가입한 이후 이를 적극적으로 지지하고 있다. 지속가능한 미래를 위해 IBK기업은행은 다양한 주요 활동에 참여하며, 금융산업 내 ESG 경영의 모범 사례를 만들어가고 있다.

UN SDGs 달성을 위한 주요활동

SDGs	주요 활동	SDGs	주요 활동
1 빈곤퇴치	• IBK장학금 사업 • 금융취약계층 교육 • 서민금융 지원 확대 • 재난·재해 지역 취약계층 지원	9 산업혁신과 인프라	• IBK 창공 • IBK 1st Lab • 모험자본, 기술금융 확대
2 기아종식	• 참! 좋은 사랑의 밥차 운영 (소외계층 및 독거노인 무료 급식 제공)	10 불평등 완화	• 사회적 약자 대상 일자리 지원 사업 • UN 포용금융 이니셔티브
3 건강과 웰빙	• 열린 상담실 운영 • 가족 친화 인사제도 • 안전보건 교육 • 산업안전보건 프로그램	11 지속가능한 도시와 공동체	• 환경, 사회 리스크 관리체계 구축 (세계 문화유산 보호 등)
4 양질의 교육	• 금융경제교육 • 직무진단컨설팅 • 일자리 박람회 개최	12 책임있는 소비와 생산	• 환경·에너지경영시스템 (ISO 14001, 50001 인증) • IBK탄소제로 캠페인
5 성평등	• 여성역량강화원칙 가입 • 인사 포용성 제고(여성 승진 기회 확대)	13 기후행동	• 자체 탄소중립 2040 • 금융자산 탄소중립 2050 • 기후리스크 관리
6 깨끗한 물과 위생	• 충주연수원 무방류시스템 • 환경·에너지경영시스템 • 절수용 위생기구 설치	15 육상 생태계	• 한국·몽골 그린벨트 프로젝트 (멸종 위기종 보전 활동)
7 깨끗한 에너지	• 신재생에너지 투자 확대 • 탈석탄 금융원칙 수립 • 배출권거래제 시장조성자	16 평화와 정의, 효과적인 제도	• 아동 노동의 금지 • 인권경영 체계 구축 • 내부자 신고 제도
8 양질의 일자리와 경제성장	• 新일자리창출 프로젝트 • 중소기업 금융 지원 확대 • 금융접근성 확대	17 파트너십	• OECD 지속가능 중소기업금융 플랫폼 참여

출처: [2024 IBK 지속가능 경영보고서]

기후변화 대응과 리스크 분석

기후변화 리스크의 유형

지속가능한 목표 중 Goal 13: 기후변화 대응에 해당하는 주요 내용을 소개하고자 한다. IBK기업은행은 기후변화가 금융산업에 미치는 영향을 심각한 리스크로 인식하고 있으며, 이에 따른 잠재적 위험을 체계적으로 분석하고 있다. 이러한 위험은 물리적 리스크와 이행 리스크로 구분하여 평가되고 있다.

물리적 리스크 분석

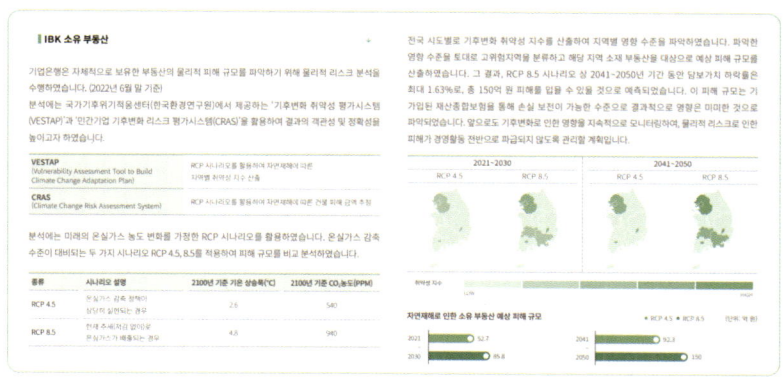

출처: [2024 IBK 지속가능 보고서]

기후변화로 인한 폭우, 가뭄, 폭염 등 이상기후 현상이 점차 빈번해지고 있으며, 그 강도 또한 더욱 거세지고 있다. 이러한 변화는 금융 자산에도 중대한 영향을 미칠 수 있어, 금융기관은 사전에 피해 규모를 예측하고 대비할 필요성이 커지고 있다. 이에 따라 IBK기업은행은 소유 부동산 및 금융자산을 중심으로 물리적 리스크를 분석하고 있으며, 이를 통해 잠재적 영향을 파악하고 관리하고 있다. 특히, 해수면 상승이 금융자산에 미치는 영향을 집중적으로 분석한 결과, 기업은행의 부동산 담보 자산 중 약 24%가 해안 지역에 위치하고 있으며, 기후변화로 인한 호우 및 폭풍 피해의 비중이 높은 것으로 나타났다.

기후변화 시나리오별 해수면 상승 전망

시나리오	2100년 기준 해수면 상승
(RCP 2.6) 지금부터 즉시 온실가스 감축 수행	40cm
(RCP 4.5) 온실가스 저감 정책 상당히 실현	51cm
(RCP 8.5) 현재 추세대로 온실가스 배출 지속	73cm

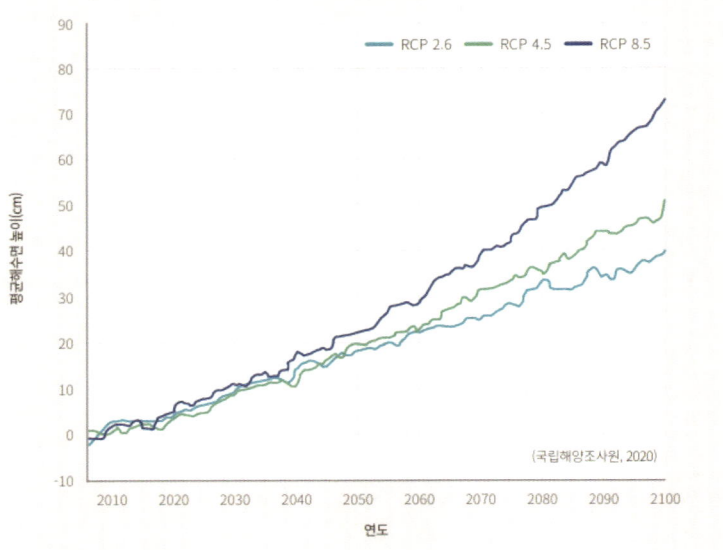

출처: [2024 IBK 지속가능 보고서]

기상청 기후정보포털 및 국립해양조사원의 기후변화 시나리오(RCP 8.5)를 활용한 분석 결과에 따르면, 온실가스 배출이 현재 수준으로 지속될 경우 2100년까지 해수면이 약 73cm 상승할 것으로 전망되며, 이에 따른 기업은행의 담보물 손실 규모는 약 1조 373억 원으로 추정된다. 기업은행은 이러한 장기적이며 불확실성이 높은 시나리오를 고려하여, 향후 기후변화가 자산 포트폴리오에 미치는 영향을 지속적으로 정교화할 계획이다.

이행 리스크 분석

저탄소 경제로의 전환 과정에서 기술 발전과 정책 변화는 금융 시스템에도 영향을 미칠 수 있다. 특히, 온실가스 배출량이 많은 고탄소 산업은 자산 가치 하락 등의 부정적 영향을 받을 가능성이 높으며, 이에 따라 해당 산업에 대한 금융기관의 대출, 채권, 주식 등의 손실로 이어질 수 있다. 이로 인해 금융기관의 건전성이 저하될 우려도 있다.

IBK기업은행은 고탄소 산업과 관련된 중소기업 자산을 다수 보유하고 있어, 기후변화 대응 과정에서 발생할 수 있는 이행 리스크가 은행의 손실로 이어질 가능성이 크다고 판단하고 있다. 이에 따라 기업은행은 이러한 위험을 사전에 분석하고 대비 전략을 마련하고 있다.

IBK 이행 리스크 분석

기업은행은 한국은행 하향식(Top-down) 시나리오를 적용하여 이행 리스크 분석을 진행하였습니다.

구분	기준시점(2023.6.)	2030	2040	2050
BIS총자본비율	15.05	14.45 (△0.60)	14.31 (△0.74)	12.88 (△2.17)
기후리스크 필요자본	147,429	161,040 (+13,611)	166,249 (+18,820)	177,265 (+29,836)

이행 리스크 스트레스테스트 결과 (단위: %, %p, 억 원)

한국은행의 시뮬레이션을 기반으로 BIS 총자본비율을 분석한 결과, 기업은행이 현재 수준의 기후변화 대응을 유지할 경우 **2050년까지 BIS 총자본비율이 2.17%p 하락하여 12.88%**로 감소할 것으로 전망된다. 이에 따라 기후리스크 필요자본이 17조 7,265억 원 수준으로 증가할 것으로 예상되며, 기업은행은 이에 대한 대응 방안을 수립하고 있다.

기업은행은 앞으로도 기후변화에 따른 금융 리스크를 지속적으로 모니터링하고, 필요 자본을 예비 자본으로 확보하여 잠재적 손실에 대비할 계획이다.

ESG 환경 목표 및 이행 전략

환경목표 설정 및 지표 관리

IBK기업은행은 환경 목표를 보다 체계적으로 관리하기 위해 탄소중립 로드맵, 자체 배출량 감축 목표, 금융배출량 SBT(Science Based Target) 수립 및 이행의 세 가지 핵심 분야로 구분하여 실행하고 있다.

탄소중립 로드맵

IBK기업은행은 '2040 탄소중립' 및 '2050 금융자산 탄소중립'을 목표로 탄소중립 로드맵을 수립하였다. 이를 실현하기 위해 녹색금융 비중을 13% 이상 확대하고, 단계적으로 자체 온실가스 배출량을 감축하는 전략을 추진하고 있다.

- 2040년까지 자체 온실가스 배출량 탄소중립 달성
- 2050년까지 금융배출량 탄소중립(Net Zero) 달성

기업은행은 기준연도인 2020년 배출량 59,554tCO$_2$eq를 기준으로 2030년까지 27,203tCO$_2$eq, 2035년까지 13,406tCO$_2$eq로 감축하고 2040년까지 탄소중립을 달성하고자 합니다.

출처: [2024 IBK 지속가능 보고서]

금융배출량 감축 및 SBT(Science Based Target) 이행

IBK기업은행은 금융배출량 감축 목표를 과학적으로 설정하고 있으며, 그 신뢰성을 확보하기 위해 2023년 12월 국내 금융공공기관 최초로 SBTi(Science Based Targets initiative) 국제 인증을 획득하였다.

SBTi는 금융기관이 포트폴리오 내에서 과학적으로 감축 목표를 수립할 수 있도록 필수·선택·제외 범위를 자산군별로 제시한다. 이에 따라 기업은행은 2021년 기준으로 다음과 같은 인증을 획득하였다.

- 필수 인증 대상(100%) 및 선택 인증 대상 자산 중 중소기업 여신(70%)
- 대출 및 투자 활동의 37.68%에 대한 과학기반 감축 목표 수립
- 필요한 데이터 보유 여부에 따라 최적의 방법론 적용

또한, 기업은행은 금융배출량 산정 범위를 금융그룹 차원으로 확대하여 SBTi 인증을 획득함으로써, 지속적인 감축 목표를 보다 정교하게 이행할 계획이다.

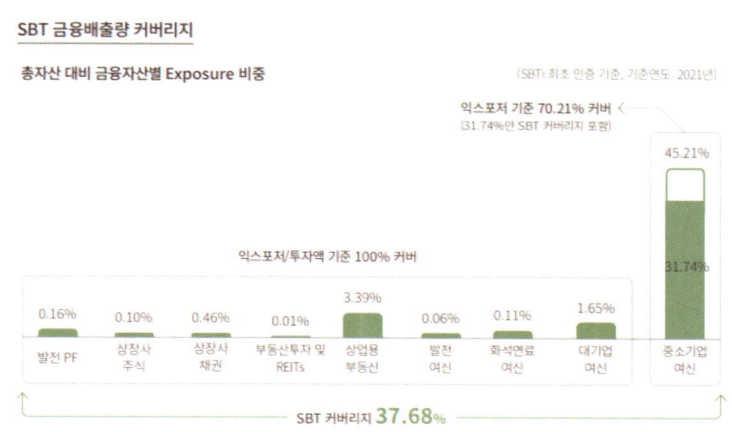

출처: [2024 IBK 지속가능 보고서]

자연자본 리스크 관리

세계경제포럼(WEF)의 '글로벌 위험 보고서'에 따르면, 향후 10년간 인류가 직면할 가장 큰 위기 중 하나는 자연자본 감소 및 생물다양성 손실로 예상된다. 이에 따라 IBK기업은행은 물 리스크(해양 생태계 포함), 생물

다양성, 산림 훼손을 대표적인 자연자본 리스크로 정의하고 있으며, 이러한 리스크를 최소화하기 위해 금융 지원 시 특정 업종 및 지역을 면밀히 모니터링하고 있다.

기업은행은 자연자본 보호를 위한 금융정책을 수립하면서, 특정 업종과 지역을 관리 대상으로 선정하였다.

출처: [2024 IBK 지속가능 보고서]

- 유의 업종은 세계경제포럼(WEF), 세계자연기금(WWF) 등의 국제기구의 연구 결과를 참고하여 정의하였다.
- 유의 지역은 환경부, 해양수산부, 산림청 등 국내 정부 기관에서 관리하는 보호지역을 기준으로 선정하였다.

보호지역 기준: 기업은행이 보호지역으로 분류한 영역은 다음과 같다.

- **환경부**: 국립공원, 야생생물특별보호구역, 생태경관보전지역, 습지보호지역 등
- **해양수산부**: 해양보호구역, 환경보전해역 등
- **산림청**: 백두대간보호지역, 산림유전자원보호구역, 재해방지보호구역 등

기업은행은 앞으로도 자연자본 관리 체계를 더욱 정교하게 구축하고, 지속적인 모니터링을 통해 금융 지원 과정에서 환경적 영향을 최소화할 방침이다.

또한, 물 리스크 관리 범위를 국내뿐만 아니라 해외 국가의 점포까지 확대할 계획이다. 이에 따라, 위험등급이 높은 지역을 대상으로 물 리스크 완화 방안을 검토하고, 해당 국가의 관계 기관과 협력하여 보다 체계적인 관리 체계를 구축할 예정이다.

금융기관의 역할과 ESG 전략의 필요성

앞서 살펴본 바와 같이, IBK기업은행은 ESG 전략의 일환으로 기후변화 대응과 자연자본 리스크 관리에 집중하고 있다. 본 보고서는 2024 IBK 지속가능경영보고서를 바탕으로 금융공공기관의 기후변화 대응 현황을 정리한 것으로, 금융산업 내 환경 문제 해결이 얼마나 중요한 과제인지 강조하고자 한다.

도시계획에서는 환경 요소가 핵심적인 역할을 한다. 다양한 자원이 결합하여 도시 문화가 형성되는 가운데, 기후변화는 도시 생태계에 직접적인 영향을 미친다. 이에 따라 금융기관은 도시 개발 과정에서 환경적

지속 가능성을 고려한 금융 지원과 정책 마련이 필요하다.

이러한 맥락에서 금융기관은 단순히 자본을 제공하는 역할을 넘어, 기후변화에 대응할 수 있는 금융 전략을 수립하고 ESG 정책을 실천하는 데 앞장서야 한다.

금융기관의 지속가능한 발전을 위한 과제

본 연구에서는 IBK기업은행의 ESG 전략을 중심으로 금융기관의 기후변화 대응 방안을 분석하였다. 현재 국내 주요 금융기관들은 국제 기준에 부합하는 기후변화 대응 정책을 추진하고 있으나, 자본과 역량 부족, 정책 미흡 등의 문제로 글로벌 금융기관 대비 경쟁력이 떨어지는 상황이다.

향후 금융기관이 지속가능한 경영을 실현하기 위해서는 다음과 같은 요소가 필수적이다.

- 기후변화 대응을 위한 자본 확보
- ESG 리스크 분석 체계 고도화
- 전문 인력 양성 및 교육 강화

금융기관은 기업과 개인에게 기후변화 대응의 중요성을 알리고, ESG 관련 컨설팅과 교육을 강화하는 전략을 추진해야 한다. 이를 통해 금융산업이 지속가능성을 확보하고 글로벌 금융시장에서 경쟁력을 유지하려면 보다 체계적이고 적극적인 ESG 전략이 필수적이다. 결국, 이러한 전략을 실천하는 데 있어 금융기관의 역할은 더욱 중요해지고 있다.

Air rights and Pencil towers in New York

- 하늘을 향한 미래의 도시 -

임성철 | 정우개발 대표 & 신아주종합건설(주) 건축부이사

단국대(경영학석사, 부동산법학석사), 인하대(건축공학석사), 한양대(부동산학석사)을 졸업하고 인하대학교 일반대학원 도시계획학 박사과정에 학업중이며, 건축시공 및 도시계획 전문가로, 건설사, 부동산개발, Remodeling, 부동산컨설팅 분야에서 30년간의 실무 경험을 보유하고 있다. 현재 건축시공, 부동산개발 시행업무, 공인중개사, 부동산권리분석사, 부동산자산관리사(부동산FP) 자격증을 갖추고 있으며, KODA 한국부동산개발협회의 부동산개발 전문인력으로 활동 중이다.

111 West 57th Street Steinway Tower
출처: SHoP Architects

뉴욕의 도시 개발은 20세기 초반부터 시작된 공중권 제도를 통해 혁신적인 변화를 이루어왔다. 특히 Pencil tower로 대표되는 초고층 건축물들은 도시 공간의 수직적 확장과 기술적 혁신을 상징하는데, 이는 현대 건축 기술의 정점을 보여줍니다. 폭 18m, 높이 435m에 이르는 극단적인 1:24의 종횡비는 기존의 건축 패러다임을 완전히 바꾸어 놓았으며,

이러한 혁신적 설계는 전 세계 건축계에 새로운 영감을 제공하고 있다.

111 West 57th Street의 Steinway Tower는 현대 건축 기술의 정수를 보여주는 대표적인 사례이다. 84층에 단 60세대만을 배치한 초호화 주거시설로, 1925년 건축된 Steinway Hall의 역사적 가치를 보존하면서도 현대 기술과의 완벽한 융합을 이루어냈다. 이는 역사 보존과 현대화의 균형을 추구하는 도시 개발의 새로운 모델을 제시했다는 점에서 큰 의의를 가진다.

출처: https://en.wikipedia.org/wiki/432_Park_Avenue

432 Park Avenue는 초고층 건축물이 직면하는 구조적 문제들을 혁신적인 방식으로 해결한 사례이다. 425.5m 높이에서 발생하는 풍압과

진동 문제를 12층마다 설치된 풍압 저감 장치와 84층의 1,300ton급 동조질량댐퍼(TMD: Tuned Mass Damper)로 해결했다. 이러한 기술적 혁신은 건물의 안정성을 확보할 뿐만 아니라, Central Park의 탁월한 조망권을 제공함으로써 평당 7,500Dollar 이상의 프리미엄을 창출하는 경제적 성과도 달성했다.

현대 Pencil tower(초고층 초슬림 건물)의 구조적 특징은 매우 정교하다. 28.5m × 28.5m의 Slim concrete core construction는 극한의 수직 하중을 견딜 수 있도록 설계되었으며, 반사율 30% 이하의 저반사 유리와 역사적 건물과의 조화를 이루는 TERRA COTTA 패널 이중외장은 도시 경관과의 조화를 고려한 결과이다. 더불어 인근 6개 건물로부터의 15만 ft² 공중권 매입은 도시 개발의 새로운 패러다임을 보여준다.

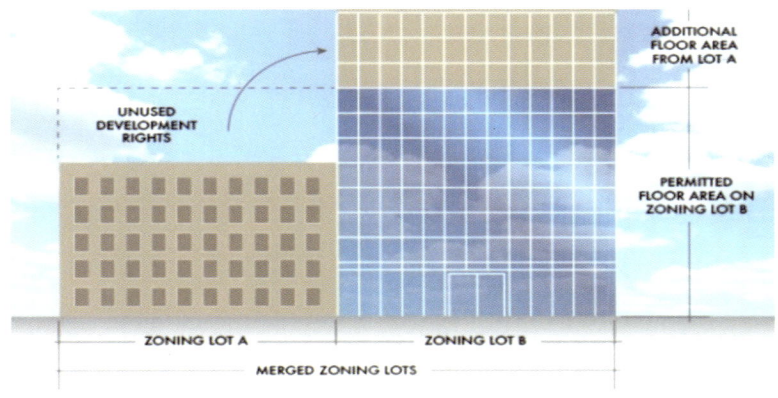

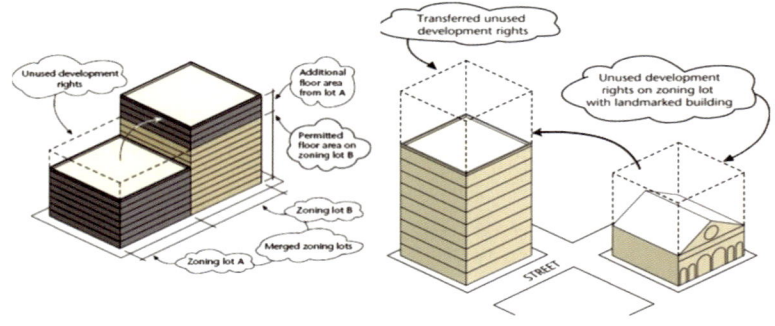

출처: https://nownews.seoul.co.kr/news/newsView.php?id=20230810601004

  1916년 뉴욕 조닝 법률(Zoning Ordinance)에서 시작된 공중권 제도는 도시 개발의 혁신적인 전환점이 되었다. 이는 토지 소유권과 분리된 상부 공간 개발 권리를 독립적으로 거래할 수 있게 함으로써, 도시의 수직적 성장과 경제적 가치 창출이라는 두 가지 목표를 동시에 달성할 수 있게 했다. 이러한 제도적 혁신은 현대 도시계획의 새로운 지평을 열었다고 평가받고 있다.

  Grand Central Terminal의 사례는 공중권 거래의 경제적, 문화적 가치를 잘 보여준다. 170만 ft²의 공중권 매각을 통해 역사적 건축물의 보존 자금을 마련했을 뿐만 아니라, 도시 개발의 새로운 가능성을 제시했다. Hudson Yards Project in New York City는 한걸음 더 나아가 매각 수익의 30%를 커뮤니티 재투자에 활용함으로써, 도시 개발이 가져야 할 사회적 책임의 새로운 기준을 제시했다.

출처: https://en.wikipedia.org/wiki/List_of_tallest_buildings_in_New_York_City#/media/File:NYC2023Sept1.jpg

57번가의 초고층 밀집 지역은 현대 도시 개발의 정수를 보여준다. "220 Central Park South"의 펜트하우스는 2억 3,800만 달러에 "ONE57"의 펜트하우스는 1억 달러에 매매로 부동산 시장의 새로운 기록을 세웠을 뿐만 아니라, 도시 주거의 새로운 패러다임을 제시했다. 특히 MetLife Building은 Grand Central Terminal의 공중권을 활용해 240만 ft² 규모의 오피스 공간을 창출함으로써, 상업 공간 개발의 새로운 가능성을 보여주었다.

현대 초고층 건축물의 기술적 혁신은 끊임없이 진화하고 있다. 최대 24m 돌출의 Cantilevered structures는 건축 공학의 한계에 도전하는 동시에, 40% 에너지 절감 시스템은 환경 친화적 건축의 새로운 표준을 제시하고 있다. 이러한 기술적 혁신은 도시 개발이 지향해야 할 미래 방향성을 보여준다는 점에서 큰 의의를 가진다.

출처: https://blog.naver.com/PostView.naver?blogId=st_jane&logNo=220767788734

1858년 Frederick Law Olmsted가 설계한 Central Park, New York는 341ha의 규모로, 도시 개발과 공공 공간의 이상적인 조화를 보여주는 상징적인사례이다. 주변 Pencil tower들의 step-back Design과 반사 유리 활용은 공원 조망권을 극대화하면서도 자연 경관을 보존하는 섬세한 균형을 이루었으며, 이는 평균 15% 이상의 부동산 가치 상승이라는 경제적 효과로도 이어졌다.

현대 도시 개발에서 환경 보존을 위한 기술적 노력은 더욱 강화되고 있다. 3D Simulation을 통한 정교한 일조권 분석과 25% 이상의 녹색

지붕 의무화는 환경 보존과 도시 개발의 조화를 추구하는 현대 건축의 트렌드를 잘 보여준다. 이러한 노력은 지속가능한 도시 발전을 위한 필수적인 요소로 자리잡고 있다.

Pencil tower와 Air rights의 Synergy는 경제적 성과와 사회적 가치 창출이라는 두 가지 목표를 동시에 달성하고 있다. Steinway Tower의 사례에서 볼 수 있듯이, 5,900만 달러의 공중권 매입비 투자는 15억 달러의 매출이라는 놀라운 경제적 성과를 창출했다. ft²당 430달러에 달하는 용적률 거래 가격은 공중권의 경제적 가치를 잘 보여주며, 하이라인 공원 개발로 인한 주변 부동산 가치의 200% 상승은 공공 인프라 투자의 긍정적 효과를 입증한다.

그러나 이러한 급속한 도시 개발은 새로운 도전과제들도 제기하고 있다. 첼시 지역의 Gentrification과 5년간 120%에 달하는 임대료 상승은 사회적 형평성 문제를 야기했으며, 432 Park Avenue로 인한 Central Park, New York 일조량 감소는 환경권과 개발권의 상충을 보여주는 사례이다. 이러한 문제들에 대응하여 뉴욕시는 30% 이상의 녹지율 의무화와 같은 적극적인 환경 정책을 도입하고 있다.

2030년을 향한 뉴욕의 미래 도시 계획은 더욱 혁신적이다. 수직 농업 단지 구상, 공중 교통 허브 개발, 공중권 수익의 50% 재생 에너지 재투자, IoT 기반 스마트 빌딩 관리를 통한 60% 에너지 절감 등의 계획은 미래 도시의 청사진을 제시한다. 이러한 뉴욕의 혁신적인 시도는 도쿄의 2025년 공중권 거래제 도입, 싱가포르의 용적률 은행제도, 서울의

2026년 용적률 거래 플랫폼 계획 등 전 세계 주요 도시들의 발전 방향에 큰 영향을 미치고 있다.

출처: https://imgnn.seoul.co.kr/img/upload/2023/08/10/SSI_20230810091636.jpg

　미래 도시개발의 청사진으로 뉴욕의 Pencil tower와 Air rights 제도는 현대 도시개발에 있어 기술 혁신, 경제적 가치 창출, 환경 보존, 사회적 책임이 어떻게 조화를 이룰 수 있는지를 보여주는 종합적인 모델이 되고 있다. 이는 단순한 건축물이나 제도를 넘어 도시의 지속가능한 발전을 위한 새로운 패러다임을 제시하고 있다. 앞으로도 기술의 발전과 사회적 요구의 변화에 따라 이러한 모델은 계속해서 진화할 것이며, 이는 미래 도시의 모습을 형성하는 핵심 요소가 될 것이다.

도시 상공의 가치
공중권 법제와 한국의 개발 전략

서재증 | 타임종합건축사사무소 대표 건축사

인하대학교 도시계획학(부: 건축학) 박사과정을 공부하고 있으며, 주)한국종합, 주)삼하, 주)한림건축종합 등 국내 유수의 건축사사무소에서 다양한 프로젝트를 수행하고 있다. 풍부한 실무 경험과 탁월한 전문성을 갖추고 현재 타임종합건축 대표 건축사, VE(가치관리)전문가로서 건축프로젝트의 효율성과 가치를 극대화하는 데 주력하면서 법원감정인, 건축위원회위원, 안전자문단 등 다양한 역할을 수행하며 사회에 기여하고 있다.

서울과학기술대 공로상, 인하대 원장상, 인천광역시장 표창장 등 수상경력은 실무와 공공서비스의 사회공헌을 증명하며, 건축설계와 감정, 공공안전과 정책자문에 이르기까지 도시·건축 발전을 위해 헌신하고 있다.

공중권과 도시의 새로운 가능성

건축은 단순히 사람을 위한 공간을 넘어 도시를 형성하는 중요한 요소이다. 하지만 한국의 도시는 급격한 도시화로 인해 여러 문제에 직면해 있다. 서울의 인구 밀도는 ㎢당 1만 6천여 명으로, 뉴욕보다 높아 교통 혼잡, 주거 부족, 녹지 감소 등의 문제가 발생하고 있다. 강남역 일대는 하루 유동인구가 100만여 명이지만, 용적률 제한으로 인해 공간 활용이 정체되어 있다.

2024년 서울 아파트의 평균 매매가는 12억 원을 돌파하면서, 20~30대의 내 집 마련이 더욱 어려워지고 있다. 이는 부동산 가격의 급등과 사회적 불균형을 심화시키는 요인이 되고 있다. 도시재생 전문가로서 노후 지역을 살피고, 건축사로서 공간을 설계하는 과정에서, 수평적 확장만으로는 도시 문제를 해결하기 어렵다는 것을 깨달았다.

공중권(air rights)은 이러한 문제를 해결할 수 있는 대안이 될 수 있다. 공중권이란 상공 공간을 활용하여 도시의 경제적·사회적 가치를 재창조하는 개념이다. 이 글에서는 미국의 공중권 제도를 한국에 적용하는 방법을 분석하고, 법제와 개발 전략을 제시하여 도시계획의 새로운 패러다임을 탐구하고자 한다.

공중권의 기원과 해외 사례

공중권 개념은 20세기 초 미국에서 도시 공간 부족 문제를 해결하기 위해 등장했다. 1916년 뉴욕시가 제정한 조닝법은 건물의 높이와 용적률을 규제하는 동시에 공중권 개념을 도입하여 상공 공간의 소유권을 법적으로 인정했다.

초기 사례로 뉴욕 센트럴 철도(New York Central Railroad)는 그랜드 센트럴 터미널이 있다. 1963년, 철도역 상부 공중권을 매각하여 팬암 빌딩(현 메트라이프 빌딩)을 건설했고, 이를 통해 약 2,500만 달러(현재 가치 2억 달러 이상)의 수익을 창출했다. 이는 공중권이 단순한 공간 확장이 아니라 부동산 자산화의 시작임을 보여주는 사례이다.

현대적인 사례로는 뉴욕의 허드슨 야드 프로젝트가 있다. 2012년에 착공하여 2019년에 완공된 이 프로젝트는 철도 차량 기지 상공 28에이커를 활용하여 주거·상업·문화 복합 단지를 조성했다. 총 개발비 250억 달러 중 공중권 거래를 통해 100억 달러를 조달했고, 이를 통해 1만 5천 개의 일자리와 연간 190억 달러의 경제 효과를 창출했다.

유럽에서는 런던의 킹스크로스 재개발이 대표적인 사례이다. 2000년대 후반 시작된 이 사업은 철도역 상부 공중권을 활용하여 구글 유럽 본사, 주거 단지, 공원을 포함한 67에이커 규모의 단지를 완성했다. 약 40억 파운드(5조 원)의 투자를 유치하며, 낙후된 지역을 부흥시킨 대표적인 사례이다.

아시아에서는 일본 도쿄의 시부야 스크램블 스퀘어(2019년 개장)가 주목할 만하다. 시부야역 상공 공중권을 활용하여 건설된 47층 타워는 관장 자원으로 많은 외국인 등 방문객을 유치하며, 시부야를 일본의 대표적인 상업 중심지로 자리 잡게 했다. 또한, 오사카 우메다역 주변은 공중권을 활용한 복층 상업 시설 개발을 통해 도시 공간을 효율적으로 사용하며 교통 혼잡을 완화하고 있다.

이들 사례는 공중권이 법적 기반과 민간 자본의 결합을 통해 성공할 수 있음을 보여준다. 한국 역시 허드슨 야드의 대규모 개발 모델, 시부야의 역세권 모델, 킹스크로스의 재생 연계 모델을 참고하여 공중권 개발의 법적·경제적 기반을 마련할 수 있다.

한국의 법제와 공중권 적용의 한계

한국의 건축법과 도시계획법에는 공중권의 분할과 거래를 명시적으로 규정한 조항이 없다. 「건축법」 제56조는 건물의 높이와 용적률을 제한하고 있으며, 「도시계획법」 또한 공중권 개념을 반영하지 않고 있다.

건축사로서 다양한 프로젝트를 수행하면서, 서울 도심의 용적률 최대 800%가 공중권 활용을 저해하는 주요 요인이라는 점을 확인했다. 이는 뉴욕 맨해튼의 용적률(FAR, Floor-Area Ratio) 최고 3,300%와 비교해도 현저히 낮은 수준이다. 또한, VE(가치관리) 전문가로서 건물의 생애주기를 분석한 결과, 상공 공간은 비용 대비 높은 가치를 창출할 수 있는 잠재력을 가지고 있음을 확인했다. 예를 들어, 강남역 주변은 평당 1억 원을 넘는 부동산 가격을 기록하고 있음에도 불구하고, 상공 공간 활용이 거의 이루어지지 않고 있다.

법제적인 문제 외에도 현실적인 장벽이 존재한다. 첫째, 공중권을 분할할 경우, 지상 소유자와의 소유권 분쟁이 발생할 가능성이 크다. 둘째, 안전 기준이 부재한 점도 문제이다. 「시설물의 안전 및 유지관리에 관한 특별법」(시설물 안전법)은 기존 건물의 유지 관리에 초점을 맞추고 있어, 상공 개발의 구조적 안정성을 다루지 않고 있다.

부동산학 석사 연구 과정에서 수행한 "공중권 분할에 대한 법제 적용과 개발 방안" 연구는 이러한 한계를 극복할 이론적 토대를 제공한다. 하지만 현재의 법제는 공중권 도입을 가로막고 있으며, 공간 부족과 부동산 가격 상승(2024년 서울 평균균 12억 원)문제를 더욱 심화시키고 있다.

이제 한국은 공중권 개념을 법적으로 정립하고, 이를 도시 개발 전략에 적극적으로 반영해야 할 시점이다. 공중권이 단순한 개념을 넘어 도시 공간 활용의 새로운 가능성을 열어줄 수 있도록 법적·제도적 기반을 구축해야 한다.

한국형 공중권 개발 전략

공중권을 도입하기 위해서는 법제 정비와 실무적 전략이 필요하다.

첫째, 법제 개정이 필요하다.

「도시계획법」에 공중권 거래 조항을 신설하고, 「건축법」에는 상공 개발을 위한 안전 기준을 추가해야 한다. 「건축물의 구조기준 등에 관한 규칙」(약칭: 건축물구조기준규칙)에서는 내진설계, 유지 관리와 함께 상공 건물의 구조 기준(예: 최대 하중, 풍속 저항)을 명확히 설정해야 한다.

둘째, 개발 모델을 제시할 수 있다.

(1) **역세권 상부 개발**: 강남역 상공에 30~40층 주거·상업 복합 건물을 건설하면 공간 활용도가 25~30% 증가하고, 하루 10만 명의 교통 혼잡을 완화한다. 비용은 약 2조 원으로 추산되며, 공중권 거래로 30%를 조달 가능하다.
(2) **도시재생 연계**: 인천 석남동에서 공중권을 활용해 저층 상업 시설과 10층 규모 수직 공원을 조성하면 지역 경제가 연 500억 원 활성화된다. 이는 도시재생 3·5·6기 경험을 반영한 제안이다.
(3) **공공 활용**: 여의도 공원 상공에 문화·전시 공간을 만들어 공공성을 높이고, 연간 200만 명의 방문객을 유도할 수 있다.

셋째, 경제적 인센티브를 제공해야 한다. 공중권 거래 시 재산세 5년간 50% 감면, 용적률 완화(최대 1,200%) 등의 정책을 도입하면 민간 개발 참여가 활성화될 것이다. 이는 도시계획과 부동산 혁신이 융합된 모델로, 서울 도심의 주거 공급(연 3만 호)과 경제 활성화를 동시에 달성하는 전략이 될 수 있다.

지속 가능한 도시를 위한 공중권의 역할

공중권은 단순히 경제적 가치를 창출하는 것을 넘어, 도시재생과 지속 가능한 발전을 위한 핵심 요소이다. 건축사로서 공간을 설계하고, 도시재생 전문가로서 마을을 활성화하며, 현재 도시계획 박사 과정에서 도시 구조를 연구하는 입장에서 볼 때, 공중권은 한국 도시의 미래를 열어갈 중요한 열쇠라고 확신한다. 예를 들어, 공중권을 활용하면 서울의 녹지 비율(26%)을 간접적으로 증가시킬 수 있으며, 연간 3만 호 이상의 주택 공급이 가능해져 부동산 시장 안정에 기여할 수 있다. 또한, 강남역 모델을 적용할 경우 연간 1조 원 이상의 경제 효과를 기대할 수 있다.

정부는 공중권 실험 지구(예: 여의도, 강남)를 지정하여 시범 사업을 추진하고, 민간 기업과 협력해야 한다. 학계는 공중권의 경제적·사회적 효과를 실증적으로 분석하며, 법제와 시장의 균형을 연구해야 한다. 공중권은 단순한 제도가 아니라, 도시 상공을 새롭게 정의하고, 한국 도시를 지속 가능한 성장으로 이끄는 혁신적인 개념이다. 이는 건축과 도시계획의 경계를 넘어, 사람 중심의 공간을 창출하는 새로운 길이 될 것이다.

새로운 도시계획의 패러다임
비욘드 조닝이란 무엇인가?

최윤희 | 가람자산관리대표 / 매일뉴스 논설위원

부동산 경영학회 회원 / 지역재생전문가수료 / 자산운용전문인력과정 수료 / 가람자산관리&컨설팅 대표이다. 2016년 시 부분 등단 / 2022년 '시간의 호수' 시집 발간 / 2023년부터 매일뉴스 논설위원으로 활동하며 다양한 부동산 경험과 풍부한 지식으로 사회에서 많은 역할을 맡고 있다. 현재는 인하대학교 대학원에서 도시계획학 박사과정을 공부하고 있다.

비욘드 조닝의 개념과 필요성

 비욘드 조닝(Beyond Zoning)이란 무엇인가? 도시는 인구 증가와 경제 발전 등 다양한 요인으로 인해 지속적으로 변화하고 성장해 왔다. 하지만 이러한 발전 과정에서 무분별한 개발로 인해 부작용이 발생하거나, 지역 간 불균형 문제가 심화되기도 했다. 이를 해결하기 위해 도시의 수요와 기능 변화에 대처할 수 있는 새로운 해결책이 제시되고 있다. 최근에는 기존의 용도지역제를 대체할 수 있는 대안으로 비욘드 조닝 개념이 주목받고 있다.

 비욘드 조닝은 기존의 용도지역제 기반 도시계획에서 벗어나, 새로운 도시공간 구조를 만들기 위한 대안적 계획 개념이다. 단순히 주거, 상업, 공업으로 구분하던 기존 방식을 넘어, 복합적인 기능을 수용할 수 있도록 유연하게 운영하는 제도를 의미한다.

 기존의 용도지역제는 토지 이용을 세분화하고 규제하는 데 중점을 두었지만, 이러한 규제 중심의 제도는 급변하는 도시 환경에 적합하지 않은 한계를 드러냈다. 예를들어, 산업화 시대에 설계된 도시 공간 구조와

그에 맞춘 용도지역제는 현대 사회의 다양한 창조적 활동과 새로운 도시 수요를 충분히 수용하지 못하고 있다. 그 결과, 도시의 지속 가능성과 탄력성이 감소하는 문제가 발생하고 있다.

또한, 현대 사회는 고령화, 1인 가구의 증가, 비대면 경제의 성장 등으로 인해 도시 공간의 수요와 기능이 급격히 변화하고 있다. 이러한 변화에 신속히 대응할 수 있는 새로운 도시계획 패러다임의 필요성이 더욱 부각되고 있다.

이러한 사회적 배경 속에서 등장한 비욘드 조닝은 지역 중심의 공간 경계를 허물고 창의적인 복합용도 개발을 통해 도시 공간의 활용성을 극대화하는 것을 목표로 하고 있다. 이를 실현하기 위해서는 현재의 용도지역제를 수정하고, 이를 토대로 미래 지향적인 도시계획 방향을 새롭게 설정해야 한다.

즉, 기존의 고정된 영역 구분과 법적 틀을 벗어나, 목적과 형상, 그리고 새로운 산업 구조 환경에 따라 유동적으로 결합하거나 재창조될 수 있는 '유연한 모듈러' 단위로 도시 환경을 구상하는 것이 필요하다.

비욘드 조닝(Beyond Zoning)은 기존의 도시계획 체계에서 벗어나 보다 유연하고 포용적인 공간 활용을 지향하는 개념이다. 이는 기존의 획일적인 용도 구분을 탈피하고, 보다 통합적인 개발과 조화를 강조하는 방향으로 나아가고 있다. 구체적으로는 세 가지 핵심적인 방향을 제시할 수 있다.

첫째, 융합적 공간 활용이다.

기존에는 주거, 상업, 공업 등 일상생활 기능을 명확하게 구분하여 배치했으나, 앞으로는 이러한 기능을 세분화하기보다는 융합하고 포용하는 방식이 요구된다.

둘째, 수평적·수직적 결합이다.

한 블록 안에서 수직적 결합뿐만 아니라, 다양한 기능이 자연스럽게 연결되는 수평적 관계도 중요하게 고려해야 한다.

셋째, 광역적 도시 개발이다.

개별 필지나 건물 단위의 개발에서 벗어나, 도시 전체 차원의 광역적인 접근이 필요하다.

이러한 비전을 실현하기 위해 여러 세부 정책이 뒷받침되어야 한다. 대표적인 정책으로는 용적률 제도의 개편, 용도지역 체계 재정립, 자율적 기획 확대, 특별건축 설계를 위한 법적 근거 마련 등이 있다.

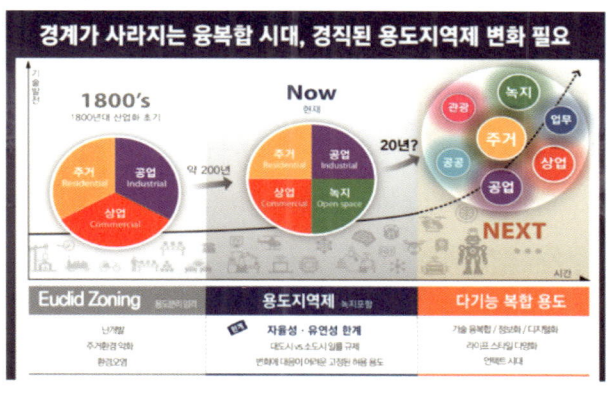

[그림 1] 2040 서울도시기본계획 7대 목표 중 '도시계획 대전환' 내용.

그중에서도 가장 중요한 사항 중 하나는 용적률 제도의 전면적 수정이다. 현재 우리나라에서는 국토교통부 장관이 정한 기준에 따라 시·도지사가 조례로 용적률의 상한선을 결정하고 있다. 그러나 앞으로는 각 지자체가 공간 특성에 맞춰 자체적인 용적률 기준을 마련하고, 공공 기여를 기반으로 특별 용적률을 부여하는 방식으로 전환될 예정이다. 이를 통해 종(Zone) 상향 없이도 지역 특성에 맞는 용적률 인센티브를 제공할 수 있어, 사업 주체들의 참여를 크게 유도할 것으로 예상된다.

또한, 용도지역제의 전면 개편도 중요한 과제다. 현재 주거지역, 상업지역, 공업지역 등으로 획일적으로 구분된 체계를 재정비하여, 기본적인 법적 틀만 유지하고 세부 사항은 통합·수정할 필요가 있다. 특히, 새롭게 구성된 용도 체계에서는 비주거 시설에도 거주 기능을 적극 포함하여, 생활권 중심의 도보 친화적 도시 환경을 조성하는 방향으로 나아가야 한다.

아울러, 비욘드 조닝의 특성을 반영하는 특별건축구역 지정 방식을 새롭게 도입할 계획이다. 기존의 경직된 건축 규제를 완화하고, 창의적인 설계를 유도하기 위해 별도의 건축 특례 조항과 지침을 마련할 방침이다. 더불어 시민들의 삶의 질을 높이기 위해 가로환경 정비, 교통체계 개선, 입체복합개발을 위한 인프라 확충 등의 추가적인 사업도 함께 추진해야 할 것이다.

고령 인구 증가, 팬데믹 이후 가속화된 디지털 전환, 세계적인 기후 변화 위기 등으로 인해 기존 도시계획 패러다임이 변화의 기로에 서 있다. 코로나19 이후 비대면 문화의 확산, 건강과 안전을 중시하는 경향, 일과 휴식의 경계 완화 등의 사회적 변화는 도시 공간의 이용 패턴을 바꾸고 있다. 여기에 100세 시대 도래와 노동 가능 인구 감소 추세 또한 도시 구조 변화의 중요한 변수로 작용하고 있다. 이미 세계 여러 도시는 이러한 변화에 적극 대응하고 있다.

예를 들어, 영국 런던은 킹스 크로스(King's Cross) 일대를 공연장, 호텔, 병원, 기숙사 등이 공존하는 '보더리스 존(Borderless Zone)'으로 조성하고 있다. 일본 오사카의 미나토구 일부 지역도 의료, 교육, 업무, 상업 시설뿐만 아니라 저밀 주거지까지 포함한 '보더리스 특구'로 지정했다.

국내에서도 지난 대선 과정에서 비욘드 조닝 개념이 후보들의 공약으로 언급되며 큰 관심을 받았다. 서울시 또한 관련 연구 용역을 진행 중이며, 한국형 비욘드 조닝의 도입을 위한 본격적인 논의가 이루어지고 있다.

우리는 왜 비욘드 조닝에 주목해야 하는가?

기존의 용도지역제는 획일적인 규율 체계로 인해 도시의 진화와 혁신을 저해하고 있다. 1970년대 산업화 시대를 배경으로 확립된 용도지역제는 현재의 4차 산업혁명, 융복합 트렌드, 디지털 대전환 등 급변하는 사회 환경을 수용하지 못하고 있다. 또한, 지나치게 경직된 구조로 인해 도시의 역동적인 변화와 발전을 방해하는 걸림돌이 되고 있다. 실제로, 여의도 아파트지구와 같은 지역은 10년 넘게 개발이 정체된 상태다. 이는 기존의 용도지역제가 현실에 부합하지 못하고, 시대 변화에 뒤처진 낡은 틀임을 보여주는 대표적인 사례다. 따라서 비욘드 조닝이 새로운 도시계획 패러다임으로 자리 잡아야 할 필요성이 더욱 커지고 있다. 기존의 틀을 벗어나 보다 개방적이고 미래지향적인 도시계획으로 나아가야 할 시점이다.

비욘드 조닝 적용 사례

비욘드 조닝은 국내에서는 아직 본격적으로 도입되지 않았으나, 해외에서는 이미 다양한 연구와 실제 사례가 존재한다.

① 영국 런던 - 보더리스 존(Borderless Zone)

2019년, 영국 런던 킹스 크로스(King's Cross) 지역에 보더리스 존이 시범 도입되었다. 이곳에서는 주거, 업무, 상업, 문화 시설이 혼합되어 자리하고 있다. 기존 용도지역제 규정에 따르면 특정 시설의 입지는 불가능했지만, 보더리스 존 개념이 적용되면서 창조적인 도시 경험을 제공하는 공간으로 재탄생했다.

② 미국 뉴욕 - 배터리 파크시티 & 스페인 바르셀로나 - 포블레 에스파냐

뉴욕 맨해튼의 배터리 파크시티와 바르셀로나의 포블레 에스파냐 광장 일원에서도 유사한 도시계획 개념이 적용되었다.

이들 지역은 기존의 용도지역제로는 상상하기 어려운 방식으로 변화했으며, 적극적인 도시재생 프로젝트를 통해 새로운 도시 공간으로 발전했다.

③ 싱가포르 - 마리나베이

싱가포르 마리나베이도 대표적인 사례다.

이곳은 과거 바다를 매립한 간척지로, 주로 농경지로 사용되던 곳이었다. 그러나 지금은 세계적인 관광명소이자 금융 중심지로 자리 잡았다.

호텔, 쇼핑몰, 컨벤션센터, 박물관 등 다양한 시설이 조화롭게 어우러지며 강력한 시너지 효과를 창출하고 있다.

④ 일본 도쿄 - 롯폰기 힐스

도쿄 롯폰기 힐스 역시 비욘드 조닝 개념을 활용한 성공 사례다.

이 지역은 1980년대까지만 해도 미군 기지 반환 후 방치된 공간이었으나, 2000년대 들어 대규모 재개발 프로젝트가 진행되면서 전혀 다른 공간으로 변화했다.

현재는 연간 3,000만 명 이상이 방문하는 명소로 성장했으며, 저층부는 오피스, 고층부는 주거 및 호텔, 내부에는 백화점, 레스토랑, 미술관, 영화관 등 다양한 편의시설이 들어서 있다.

이러한 융복합적 공간 활용 덕분에 24시간 활력이 넘치는 공간으로 재창조될 수 있었다. 물론, 모든 도시가 이러한 방식의 탈(脫) 경계적 융복합 개발을 원하지는 않는다. 각 도시의 특성과 필요에 맞춰 부분적이면서도 점진적인 도입이 이루어지고 있다. 서울시가 준비 중인 비욘드 조닝 역시 국내의 사회·환경적 조건에 맞춘 점진적 적용 과정을 거칠 것으로 보인다. 특히, 중앙정부 주도로 이루어지던 도시계획 결정 권한이 지방으로 대폭 이양된다는 점에서 큰 의미가 있다.

건축물의 허용 용적률 방식 수정

현재 용도지역제에서는 건축물의 최대 허용 용적률을 국토교통부 장관이 정한 기준에 따라 시·도지사 및 대도시 시장이 조례로 결정하고 있다. 다만, 지구단위계획구역 내에서는 해당 지역의 특성을 고려해 자체적으로 용적률을 결정할 수 있다.

그러나 이러한 기준은 법정 상한선을 먼저 설정한 후, 그 범위 내에서 최대 허용 용적률을 정하는 방식이어서 유연성이 부족하다. 이로 인해 공급자 중심의 획일적인 도시 공간 계획만 가능했고, 다양한 수요자들의 세부적인 요구를 반영하기 어려웠다. 이러한 문제를 해결하기 위해 비욘드 조닝에서는 용적률 운영 방식을 수정하려 한다. 기존처럼 법정 상한선을 먼저 설정하는 것이 아니라, 해당 지역에 맞는 조건을 바탕으로 최적의 밀도를 산출하는 방식으로 전환하는 것이다.

이를 "조건부 허용 용적률" 개념으로 볼 수 있다. 쉽게 말해, 공공 기여 수준에 따라 용적률 인센티브를 제공하는 방식이다. 현재 이러한 개념에 대한 큰 틀은 정해진 상태이며, 향후 구체적인 지침 도출을 위한 후속 연구가 활발히 진행될 것으로 예상된다.

비욘드 조닝의 기대효과와 향후 과제

비욘드 조닝을 적용하면, 단일 용도의 건물이 빼곡히 들어선 단조로운 도시 경관에서 벗어나, 다양한 기능과 개성을 가진 건물들이 공존하는 입체적인 도시 환경을 조성할 수 있다. 뿐만 아니라, 교통체증 완화 및 탄소 배출 저감 효과도 기대할 수 있다.

비욘드 조닝의 기대효과

1) **도시 공간 활용도 증대**
   기존 용도지역제의 규율에서 벗어나, 보다 유연한 공간 활용이 가능해진다.

2) **도시 경쟁력 강화**
   다양한 도시 활동을 융복합함으로써, 도시의 활력을 높이고 경쟁력을 제고할 수 있다.

3) **도심 내 유휴부지를 활용한 주택 공급 확대**
   기존에 활용되지 않던 공간을 효율적으로 사용해 주거 문제 해결에 기여할 수 있다.

4) **고밀도 개발을 통한 청년층 도심 유입 유도**
   도심 내 생활 편의성을 높여 젊은 층의 유입을 촉진할 수 있다.

5) **구도심의 도시재생 활성화**
   기존의 낙후된 지역을 재정비하여, 보다 활력 있는 도시 공간으로 탈바꿈할 수 있다.

6) **스마트시티 구현을 위한 유연한 도시 환경 조성**
   첨단 기술을 적용할 수 있는 환경을 만들어 스마트 도시로의 전환을 촉진할 수 있다.

7) **보행 친화적인 도시 공간 창출**
   도보 이동이 편리한 환경을 조성하여, 보다 건강하고 지속가능한 도시를 만들 수 있다.

8) **탄소 저감형 도시로의 전환 촉진**
   건물 혼합 배치와 친환경 설계를 통해 탄소 배출을 줄이는 효과를 기대할 수 있다.

비욘드 조닝 도입 시 해결해야 할 과제

그러나 비욘드 조닝을 성공적으로 정착시키기 위해서는 다음과 같은 과제들이 해결되어야 한다.

1) 기존 용도지역제와의 조율 문제
기존의 도시 계획 체계와 비욘드 조닝이 어떻게 조화를 이룰 것인지 구체적인 방안을 마련해야 한다.

2) 특혜 논란 방지와 공정한 용적률 인센티브 제공
특정 개발 사업자에게만 유리한 구조가 되지 않도록 공정한 기준을 수립해야 한다.

3) 정밀한 모니터링 시스템 구축
비욘드 조닝의 시행 과정에서 발생할 시행착오를 최소화할 수 있도록, 철저한 모니터링 체계를 마련해야 한다.

4) 전국적인 확대 적용을 위한 가이드라인 마련
특정 지역에서만 적용되는 것이 아니라, 전국적으로 적용 가능한 표준 지침을 마련할 필요가 있다.

5) 정부 각 부처와의 긴밀한 협력 필요
도시계획뿐만 아니라, 교통·환경·주택 등 여러 부처 간 협력 체계를 구축해야 한다.

비욘드 조닝은 단순한 규제 완화가 아니라, 도시의 미래를 보다 창의적이고 지속가능한 방향으로 전환하는 중요한 변화이다.

이를 성공적으로 정착시키기 위해서는, 균형 잡힌 정책과 철저한 계획, 지속적인 연구와 협력이 필요할 것이다.

6) **시민 공감대 형성과 참여 유도**

여섯 번째 과제는 시민들의 공감대를 형성하고, 적극적인 참여를 이끌어내는 것이다.

비욘드 조닝이 성공적으로 정착되기 위해서는 단순한 정책 변화뿐만 아니라, 시민들과의 충분한 소통과 공감대 형성이 필수적이다. 앞서 살펴본 내용을 바탕으로, 도시계획에서 우리가 배울 수 있는 점을 정리해 보자.

도시계획의 접근 방식이다. 도시계획은 일반적으로 다음과 같은 방식으로 구분할 수 있다.

① 신규 택지 조성 계획이다. 주로 도시 개발 및 주택 공급 확대를 목적으로 시행된다. ② 기존 시가지 정비 사업이다. 지구단위계획 수립, 재정비촉진지구 지정 등을 통해 기존 도시 구조를 개선하는 방식이다. ③ 생활 기능의 융복합화이다. 기존에는 주거, 상업, 공업 등의 기능을 엄격하게 구분했으나, 앞으로는 이분법적인 분리 방식을 탈피하고, 융복합을 통해 포용하는 방식이 필요하다. ④ 수직·수평적 융복합 개발이다. 기존 개발 방식이 수직적 융복합(건물 층별 용도 구분)에 집중되어 있었다면, 앞으로는 수평적 융복합(도시 블록 단위의 복합 개발)도 함께 고려해야 한다. ⑤ 개별 필지 중심 개발에서 광역 연계 개발로 전환이다. 기존에는 각각의 필지 또는 개별 건물 중심으로 개발이 이루어졌지만, 앞으로는 도시 전체 차원의 광역적인 연계 개발을 염두에 두어야 한다.

도시계획은 단순한 건축물 배치가 아니라, 입체적인 접근 방식이 필요하다. 이는 해당 지역이 가진 물리적 특성뿐만 아니라, 역사·문화 자원의 보존 가능성, 주변 환경변화까지 종합적으로 고려해야 하기 때문이다.

7) 뉴타운 사업구역 해제와 도시계획의 유연성

현재 서울시 내 뉴타운 사업구역 해제 현황을 살펴보면, 단순히 노후 불량 주택 밀집 지역이라고 해서 무조건 정비사업 구역으로 지정할 수 없는 현실을 보여준다.반대로, 양호한 저층 주거지라고 해서 전면 철거식 정비사업만이 해결책이 될 수는 없다. 따라서, 앞으로의 도시계획에서는 획일적인 개발 방식이 아닌, 보다 유연하고 창의적인 접근이 필요하다. 단순한 평면적 사고방식으로는 현대 사회의 복잡한 도시 문제에 대응하기 어려우며, 오히려 부작용을 초래할 수 있다. 이제는 지역의 경계를 넘어서 보다 창의적이고 복합적인 개발을 통해 도시 공간 활용을 극대화해야 한다.

이를 통해 끊임없이 변화하는 도시 패러다임 속에서도 유연하고 탄력적인 대응이 가능할 것이다.

제4장

도시에서 길을 찾다
장소성, 실험, 그리고 회복

> 사람의 이야기가 도시를 만든다.
> 도시의 회복은 그 이야기를 다시 꺼내는 일이다.

지역 활성화와 장소성 강화를 위한 도시 계획적 도구 활용

- 인천 강화지역을 중심으로 -

김승호 | 도시계획학박사, 건설 VE 전문가(CVP)

필자는 26년 이상의 경력을 보유한 건설 및 도시계획가로서, 한국국토정보공사, 인천광역시 강화군, ㈜고산엔지니어링, ㈜한라이엔씨 등에서 실무와 함께 전문성을 쌓았다. 도시계획학박사, 건설 VE 전문가(CVP)로서 온천개발계획, 관광휴양형, 주거형, 특정형, 해상케이블카, 모노레일, 공원, 도로 등 다양한 도시계획 및 건설 프로젝트에 PM으로 참여하였다.

전문건설협회 기술자문위원, 지역의 도시계획위원회, 경관위원회, 부동산공시위원회, 환경정책위원회 등에서 활동하고 있으며 도시계획·건설 관련 기고를 56여 차례 진행했다. 또한, 지역사회와 함께 하기 위해 강화군 체육회 사무국장으로 활동하고 있으며, 테니스협회, 장학회, 클린하이킹 등에도 적극적으로 참여하고 있다.

2020년대의 변화와 도시재생

우리 현대사에서 2020년대는 여러 측면에서 많은 의미를 함축하고 있다. 코로나19 팬데믹으로 인해 전 세계적으로 재택근무와 비대면 활동이 보편화되었으며, 이는 교육, 일자리, 여가 등 여러 방면에서 일상생활의 변화를 초래했다. 또한, 5G, 인공지능(AI), 빅데이터, 사물인터넷(IoT) 등의 기술 발전이 가속화되면서 디지털 경제로의 전환이 본격화되었다. 뿐만 아니라, 기후 변화와 환경오염 문제가 심각하게 대두되면서, 많은 국가와 기업이 탄소 중립과 친환경 정책을 적극적으로 시행하고 있다. 소셜 미디어의 영향으로 정치적 의견이 빠르게 확산되었으며, 다양한 사회적 이슈에 대한 논의가 활발해지면서 각국에서는 정치적 양극화와 사회적 갈등이 심화되고 있다. 이러한 변화 속에서, 현대 사회가 새로운 방향으로 나아가고 있는 시기로 평가된다. 이와 맥락을 같이하여 '도시재생(Urban Regeneration)'을 위한 일련의 지역 활성화 정책들도 대거 등장하였다.

한국의 도시재생 정책 흐름

우리나라의 도시재생은 1950년대 판자촌 철거를 시작으로, 1970년대 주택 개량 촉진, 1980년대 합동 재개발, 1990년대 주택 재개발 기본계획 도입 등 다양한 단계를 거쳐 발전해 왔다. 2013년 「도시재생 활성화 및 지원에 관한 특별법」이 제정되면서 2017년 도시재생 뉴딜사업이 본격화되었다고 할 수 있다. 또한, 2018년 「빈집 및 소규모 주택 정비에 관한 특별법」이 제정됨에 따라, 노후한 빈집 정비와 소규모 주거지 개선 촉진이 활발히 이루어지고 있다.

2020년대에 들어서는 생활 사회간접자본(SOC) 확충 정책과 도시재생이 연계되면서, 주민들에게 필요한 시설을 제공하는 방향으로 발전하고 있다.

이러한 도시재생 과정에서 특히 각 지역의 고유한 역사와 문화, 즉 공간을 아우르는 '장소성'은 지역 활성화 전략의 핵심 수단으로 인식되어 왔다는 점을 눈여겨볼 필요가 있다. '장소성'이란 특정 장소가 가진 고유한 정체성, 분위기, 그리고 사람들에게 주는 감정적·문화적 의미를 뜻한다. '장소성'과 '지역 활성화'는 깊은 연관성을 가지며, 지역의 정체성 강화, 관광 자원 개발, 주민 참여와 공동체 형성, 사회적·문화적 가치 창출, 고유한 매력과 브랜드로서의 경제적 발전 등의 측면에서 상호작용하고 있다. '장소성'을 바탕으로 '지역 활성화' 사업을 추진하면 지역의 독창적인 매력을 더욱 부각할 수 있으며, 이를 통해 경제적, 사회적, 문화적으로 풍요로운 지역사회를 조성하는 핵심 요소로 작용한다.

강화 지역의 장소성과 역사적 가치

강화 지역은 다양한 역사와 문화가 공존하는 곳이다. 선사시대의 고인돌 유적, 단군이 하늘에 제를 올리기 위해 쌓았다고 전해지는 마니산의 참성단, 삼국시대의 불교사찰, 고려 대몽 항쟁 시기의 수도 강화(江都), 조선 시대 실학자 정제두의 양명학과 실사구시(實事求是) 사상, 문호 개방 압력에 따른 병인양요와 신미양요, 강화도 조약 체결의 역사적 배경, 이처럼 강화 지역은 우리나라의 시대별 역사를 고스란히 간직하고 있다. 강화 지역의 장소성을 강화하기 위해서는 역사적 사실과 자연적 요소를 기반으로 '장소적 정체성'을 확립하는 것이 중요하다.

21세기 지역 경쟁력과 도시 마케팅

21세기는 지역의 경쟁력이 곧 국가의 경쟁력이 되는 시대다. 이에 따라 지역의 역할과 역량이 점점 더 중요하게 인식되면서, 지속적인 지역 경쟁력 강화 방안으로 '장소성'을 기반으로 한 '지역 활성화'를 위한 도시 마케팅이 떠오르고 있다.

도시 마케팅은 도시 전체의 자산 가치를 높이는 일련의 활동으로, 지방정부가 주체가 되어 도시를 하나의 브랜드로 인식하고, 그 도시만의 고유한 특성, 역사, 문화, 자원 등을 활용하여 외부 사람들에게 매력을 어필하는 전략이다.

이러한 마케팅을 통해, 관광객과 투자자를 유치하고 주민들과 적극적으로 소통하며 도시의 경제적 활성화뿐만 아니라, 정체성과 이미지 형성에도 기여할 수 있다. 결국 '장소성'은 도시 마케팅에서 필수적으로 고려해야 할 요소이며, 지역 활성화를 촉진하는 중요한 역할을 한다.

강화와 고려시대의 역사적 가치

강화는 고려가 몽골에 대항하기 위해 고종 19년(1232년) 천도한 이후, 다시 개경으로 환도한 원종 11년(1270년)까지 39년 동안 수도였던 곳이다. 30여 년에 걸친 기나긴 전쟁 끝에 결국 고려는 몽골의 조공국이 되었지만, 국가의 명맥을 유지할 수 있었다. 이 때문에 무신 정권이 자신들의 세력을 유지하기 위해 강화도로 피신한 것이라는 비판도 있다. 그러나 대몽 항쟁과 강화 천도는 국난 극복의 대표적인 사례로 평가되고 있다는 점은 주지의 사실이다. 강화 지역이 고려 시대의 수도였다는 역사적 사실은 강화만이 가진 독특한 장소성을 형성한다.

이 장소성은 다음과 같은 이유로 도시 마케팅에 활용할 가치가 충분하다.

- 차별화된 정체성 부각
- 문화 관광 자원으로 활용
- 역사적 의미와 상징성 강화
- 교육적 가치 제공

따라서 강화 지역의 도시 마케팅에서 '고려 시대 수도'라는 장소성을 주제로 삼는 것은, 이 지역만의 고유한 역사적·문화적 자산을 바탕으로 도시의 매력을 더욱 강화하고, 관광객 유치 및 지역 활성화를 도모하는 데 효과적이다.

대영제국과 몽골제국의 비교

전 세계적으로 역사상 가장 넓은 영토를 정복한 국가는 대영제국이다. 대영제국의 영토는 전 세계 육지 면적의 22%인 3,500만㎢에 달했으며, 1938년 당시 세계 인구의 20%인 4억 5,800만 명이 대영제국에 속해 있었다. 그 다음으로 넓은 영토를 가졌던 국가는 몽골제국이다. 1279년 전성기 시절 몽골제국의 영토는 세계 육지 면적의 16%인 2,400만㎢에 달했으며, 세계 인구의 25%인 1억 1,000만 명을 지배했다. 그러나 두 제국 사이에는 큰 차이점이 있다. 영국은 호주·아프리카 등의 지역을 식민지로 삼아 비교적 쉽게 영토를 확보했다. 반면, 몽골은 국경이 맞닿아 있는 강국들을 하나하나 정복하면서 제국을 확장했다.

칭기즈칸은 미국 타임지(Time)와 워싱턴포스트(Washington Post)에서 "지난 1,000년간 인류에 가장 큰 영향을 끼친 인물"로 선정되기도 했다.

강화의 장소성과 지속 가능한 발전 방안

당대 최고의 군사력을 지닌 몽골의 간헐적인 침입에도 불구하고 나라를 지탱할 수 있었던 것은 여러 요인이 있었지만, 39년간 수도였던 강화(江都) 시기의 영향이 컸음을 상기해볼 필요가 있다.

삼국시대			고려시대	조선시대
신라	백제	고구려		
경주 (금성)	서울(위례), 공주(웅진), 부여(사비)	졸본, 국내성, 평양	철원(918~919), 개경, 강화(강도, 1232~1270), 남경, 서경(평양)	서울 (한양)

대몽 항쟁 시기 39년간 고려의 수도였던 강화의 역사를 도시 계획에 반영하여 지역의 장소성을 강화할 가치가 있다. 이를 통해 지속 가능한 발전을 이끌어낼 수 있도록, 문화·역사적 측면, 도시 관리적 측면, 지속 가능한 도시 개발 측면 등으로 구분하여 도시 계획적으로 접근해보고자 한다.

문화·역사적인 측면

첫째, 39년간 고려의 수도였던 역사적 가치를 기반으로 지역의 장소성을 확립하는 것이다. 강화의 가장 큰 차별점인 강도(江都) 역사를 도시 브랜딩의 중심 요소로 삼고, 이를 기반으로 다양한 문화 콘텐츠 개발과 관광 상품 개발 추진을 진행하는 것이다.

둘째, 강화산성, 고려궁지 등 역사적 공간을 보존하고 복원하여 시민과 관광객들에게 역사 체험 기회를 확대 제공하고, 스토리텔링을 개발하는 데 있어서도 큰 관심을 가질 필요가 있다.

도시 관리적인 측면

　현행 제도의 활용과 조정을 통해, 고려 시대 수도로서의 장소성과 일관성을 확보하는 것이다.

　첫째, 고려 시대 수도로서의 일관적인 관리를 위해서는 현행 제도인 고도육성계획, 지구단위계획, 건축계획 등을 활용하여 도시를 체계적으로 관리해야 한다. 민족의 자산인 고도(古都)의 역사·문화 환경을 효율적으로 보존·육성하여, 고도의 정체성을 회복하고 주민의 생활을 개선하는 것이 필요하다. 이러한 목표를 실현하기 위해 「고도 보존 및 육성에 관한 특별법(약칭: 고도육성법)」에 따라 고도로 지정·관리함으로써 지역의 정체성과 장소성을 확보할 수 있다.

　둘째, 역사적·문화적 가치를 보존하고, 도시 기능을 향상시키기 위해 지구단위계획을 강화읍 중심으로 수립하는 것이 필요하다. 이를 통해 건축물의 높이, 용적률, 배치 등을 고려 시대의 역사적 경관과 조화롭게 설계하고, 역사적 장소성을 구축하여 지역 경쟁력을 확보해야 한다.

　지구단위계획(구역)은 도시계획 수립 대상 지역의 일부에서 토지 이용을 합리화하고, 기능을 증진시키며, 미관을 개선하고 양호한 환경을 확보하기 위해 활용된다.

　이 지역을 체계적·계획적으로 관리하기 위해 「국토의 계획 및 이용에 관한 법률」에 따라 도시·군 관리계획으로 결정·고시된 지역을 대상으로 한다. 구역 내 행위는 해당 계획의 기준을 따르게 되며, 이를 통해 도시의 미관을 고려 시대 환경과 조화롭게 개선할 수 있다.

　셋째, 고려 시대 전통적인 건축미와 주변 지역의 경관 유지·보전에 기여할 수 있도록 강화군 건축조례를 개정하거나 보완할 필요가 있다. 이를 통해, 고려 전통 한옥으로 건축물을 신축 또는 증축할 경우 일부 비용을 지원하고, 건축물의 외형, 담장, 창호 등을 제한하여 고려 시대 수도로서의 위상을 제고할 수 있다. 또한, 고도 육성을 위해 건축위원회의 구성을 내실화하고, 심의 기준을 명확히 설정하는 것도 중요하다.

넷째, 문화도시로 지정하고, 특화경관지구 및 역사문화환경 보존지역을 내성 안에 설정하여 관리하는 방안도 고려할 수 있다.

지속 가능한 도시 개발적인 측면

첫째, 강화의 자연환경을 보존하고 생태 관광 자원을 개발하여 지역 주민의 삶의 질을 향상시키며, 지속 가능한 관광 산업을 육성해야 한다.

둘째, 도시 계획 과정에서 지역 주민들의 의견을 적극적으로 수렴하고, 주민들이 직접 참여할 수 있는 프로그램을 개발하여 공동체 의식을 함양하도록 주민 참여 제도를 적극 도입해야 한다. 셋째, 예술가와 역사가들의 창작 활동 및 역사문화 연구를 지원하고, 문화예술 공간을 조성하여 지역의 역사·문화적 활력을 높여야 한다. 넷째, 내성 안에는 통과 교통을 적절히 조정·배제하여 대중교통 이용을 활성화하고, 자전거 도로 등 친환경 교통 시설을 확충하여 교통 체증을 완화하며, 환경오염을 줄이는 것이 필요하다.

역사적 가치와 현대 생활의 조화

역사적 가치와 현대 생활이 조화를 이루는 것은 필수적이다. 역사적 건축물을 보존하면서도 현대적인 기능을 갖춘 건축물을 건립하여 과거와 현재가 공존하는 도시를 조성할 필요가 있다. 또한, 역사적 유물과 유적을 활용한 교육 프로그램을 개발하고, 문화재를 활용한 관광 상품을 개발하여 지역 경제 활성화에 기여할 수 있도록 장기적인 계획을 수립해야 한다.

강화는 대몽 항쟁 시기 고려 시대 수도였다는 역사적 가치를 바탕으로 '장소성'을 강화하고, 도시 브랜드를 구축하며, 도시 마케팅을 통해 지속 가능한 발전을 이룰 수 있는 잠재력을 갖추고 있다. 이러한 잠재력을 실현하기 위해 고도육성법, 지구단위계획, 건축조례, 건축위원회 내실 운영 등의 도시 계획적 도구를 적극적으로 활용하여 역사적 가치를 보존하고 발전시키는 것이 중요하다. 이와 같은 지속 가능한 도시 관리를 통해 강화 지역만의 독특한 정체성을 확립하고, '장소성'을 더욱 강화해야 한다. 이를 통해 강화 지역은 역사와 문화가 살아 숨 쉬는 도시로 거듭날 수 있을 것이다. 궁극적으로는 국제적 경쟁력을 높여 국익에 기여하고, 인구 소멸 위기에 대한 대응 방안까지 마련할 수 있는 계기가 될 것이다. 무엇이든 쉽게 얻어지는 것은 없다. 지금은 충분한 검토와 과감한 실행력, 그리고 강력한 투자가 필요한 시점이다.

궁궐과 도시 빌딩 숲의 어메니티 조화

박순희 | 제나알앤디(주) 대표

인하대학교 대학원 부동산학 석사와 도시계획학 박사학위를 취득하였다. 인천의 제 21 도시계획분야 위원과 인천광역시 도시계획(방재)위원으로 활동했다. 현재는 제나알앤디(주) 대표로이며 인천광역시, 저수지·댐 안전관리위원회 위원과 물류단지 실수요검증위원회 위원을 겸임하고 아울러 도시와 궁궐, 민속학 등을 연구하고 있다.

고요함마저 아름다움이 되어버린 경복궁 안을 거닐다 보면, 궁궐 담장 밖으로 우뚝 솟은 빌딩 숲이 하늘과 어우러져 큰 키를 자랑하고 있다. 조화롭지 못하다는 생각보다는, 오히려 옛것과 현대가 어우러진 조화로움이 아름답게 느껴진다.

궁궐은 옛날 임금님, 즉 현대적 개념의 대통령의 사저이자 정치, 경제, 국방의 모든 기능이 집약된 공간이었다. 궁궐 주변에는 과거의 광장과 시장이 있었고, 오늘날에도 행정과 정치 기능을 수행하는 건물들, 경제를 이끄는 대기업의 본사 건물들이 궁궐을 둘러싸듯 장승처럼 서 있다. 궁궐과 그 주변의 빌딩 숲을 바라보며 도시 어메니티의 시각으로 관찰해 본다면, 그것 또한 의미 있는 시도일 것이다. 그래서 도시 어메니티 지표로 이를 살펴보려 한다.

서울 5대 궁궐 소개

현재 서울에 남아 있는 조선시대의 5대 궁궐은 경복궁, 덕수궁(경운궁), 창덕궁, 창경궁 그리고 경희궁(경덕궁)이다.

경복궁은 조선 왕조의 제1법궁으로, 북쪽으로는 북악산을 등지고 자리를 잡고 있으며, 정문인 광화문 앞에는 넓은 육조거리(지금의 세종로)가 펼쳐져 있어, 한양(서울)의 도시계획에서 중심적인 위치를 차지한다. 1395년 태조 이성계가 창건하였고, 1592년 임진왜란으로 불타 없어진 후, 고종 때인 1867년에 흥선대원군의 주도로 중건되었다. 500여 동의 건물이 미로처럼 빼곡하게 들어서 있던 웅장했던 경복궁을 상상하며 궁궐 뜰을 걷다 보면, 주변의 빌딩 숲이 경복궁과 조화를 이루며 새로운 도시의 풍경을 만들어 내고 있음을 볼 수 있다.

궁궐의 위치도
2025년 3월 문화재청 홈페이지

덕수궁은 초등학교 때부터 다니던 궁궐이다. 그 당시 대한문이 크게 보여 겁도 났던 기억이 난다. 2024년 10월 어느날 세종문화회관 음악회 관람을 위해 잠시 둘러 보았던 덕수궁은 임진왜란 때 피난 갔다 돌아온 선조가 잠시 머물 궁궐이 마땅치 않아 월산대군의 집이었던 이곳을 임시 궁궐(정릉동 행궁)로 삼으면서 부터이다.

또한, 덕수궁을 고종이 대한제국이 자주 독립국임을 대외에 분명히 밝히며 정국을 주도해 나가고자 했던 곳으로 일부건물은 서양식 기둥 양식이 절충된 궁궐이다.

이처럼 덕수궁에는 여러 서양식 건물과 현대미술관이 함께 공존하고 있으며, 주변에는 수 많은 도시 빌딩과 옛 고건물이 조화를 이루며 아름다움과 현대미를 함께 뽐낸다. 파란만장한 근대사의 자취를 간직한 덕수궁 돌담길은 서울에서 손꼽히는 산책로로 많은 시민들의 사랑을 받고 있다.

창덕궁은 1405년(태종 5년), 조선 왕조의 이궁으로 지어진 궁궐이다. 경복궁의 동쪽에 자리한 창덕궁은 창경궁과 더불어 '동궐'이라 불리기도 했다. 임진왜란으로 모든 궁궐이 불탔을 때, 선조는 경복궁보다 창덕궁의 복구를 우선 시하여 선조 40년(1607)에 시작하여, 광해군 2년(1610)에 중건을 마쳤다. 현재까지 남아 있는 조선의 5대 궁궐 중에서 원형이 가장 잘 보존된 곳은 창덕궁으로, 자연과의 조화로운 배치가 탁월하다는 점에서 1997년 유네스코 세계유산으로 등록된 유일한 궁궐이기도 하다. 창덕궁의 후원을 거닐다 보면 조선 궁궐의 뛰어난 조경 양식을 볼 수 있다. 이런 저런 생각에 잠기며 걷다 보니 궁궐 밖의 시끄러운 소음이 들려오기도 하지만, 궁 안에서는 오히려 여유로움과 포근함이 느껴진다.

창경궁은 일제강점기 당시 일본이 조선의 위상을 깎아 내리기 위해 동물원 겸 식물원으로 사용하며 '창경원'으로 불렸다. 지금으로 말하자면 서울랜드와 같은 공간이었다. 봄마다 열리는 벚꽃 축제로 인해, 어린 시절 자주 찾던 추억이 있는 장소이기도 하다.

조선시대 왕들은 경복궁보다 아기자기한 분위기의 창덕궁을 더 선호했으며, 성종은 왕실의 웃어른인 세조의 비 정희왕후, 예종의 비 안순왕후, 덕종의 비 소혜왕후 등 세 분의 대비가 편히 지내실 수 있도록 창덕궁 옆에 창경궁을 마련하였다. 창경궁의 또 다른 독특함은 전각들이 동쪽을 향하고 있다는 점이며, 왕실 가족의 생활공간으로 발전해 온 궁궐이기에 내전이 외전에 비해 상대적으로 더 넓은 특징을 가진다.

경희궁(경덕궁)을 찾아가기 위해 인천에서 오전 11시에 동암역을 출발하는 서울 지하철 1호선을 타고 시청역에 도착하였다. 덕수궁 대한문 옆 오래된 할머니 국수집에서 국수 한 그릇을 먹고, 잘 정돈된 덕수궁 돌담길을 따라 천천히 걸으며 경희궁에 도착하니 문화행사를 준비하느라 분주한 관계자들의 모습이 보였다.

경희궁은 1617년(광해군 9년), 인조의 생부인 원종의 잠저(潛邸)에 왕기(王氣)가 있다는 술사의 말에 따라 광해군이 경덕궁을 건립한 것이다. 이 궁궐은 경복궁 서쪽에 위치하여 '서궐'로도 불렸으며, 영조는 경덕궁의

'경덕(敬德)'이라는 이름이 원종의 시호와 같다는 이유로 1760년(영조 36년)에 '경희궁'으로 개칭하였다. 경희궁의 숭정전, 자정전, 태령전 등을 차례로 둘러보고, 천천히 내부와 외부를 관람한 후 서둘러 인천으로 돌아왔다.

도시 어메니티 개념

도시 어메니티 개념을 이해하기 위해 먼저 '어메니티(amenity)'라는 단어의 의미를 살펴보면, 인간은 자연과 더불어 살아가며 쾌적하고, 아름답고, 편리하며, 안락하고, 안전한 생활을 추구한다는 데서 출발한다. '쾌적함'이라는 의미는 라틴어 아모에니타스(amoenitas)에서 유래한 것으로, 이는 '사랑', '좋아함'과 같은 감정을 나타내는 아마레(amare)라는 단어에서 비롯되었다[8]. 즉, 어메니티에는 '사랑', '쾌적함', '기쁨', '좋아함' 등의 감정이 담겨 있으며, 종합적으로는 삶의 질과 관련된 다양한 요소들을 포함하는 개념이다.

도시 어메니티는 쾌적함과 편안함, 생활환경의 질, 도시환경의 질, 아름다움, 매력, 여유, 인간관계의 질 등 다양한 측면을 아우르며, 이로부

---

8) Oxford and Cobuild: 영국의 Oxford University (http://www: Oxford Language Dictionaries Online) 출판된 사전과 Birmingham University에서 출판된 사전.

터 도시민이 삶의 만족을 느낄 수 있는 요소들을 포괄한다.[9] 이 개념은 도시계획이나 도시디자인에서 매우 중요하게 다뤄지며, 물리적 환경뿐만 아니라 정서적, 사회적 가치를 모두 포함하는 개념으로 확장되어 왔다. 따라서 어메니티는 단순한 '시설'이나 '공간'의 의미를 넘어, 도시 구성원들이 '좋아하는' 도시, '머무르고 싶은' 도시를 만드는 데 있어 핵심 개념이라 할 수 있다.

궁궐과 도시 빌딩 숲, 그리고 어메니티 지표

궁궐과 도시 빌딩 숲의 도시 어메니티 지표를 설정하기 위해, 사회·경제적 어메니티에 해당하는 요소로 '아름다운 도시', '풍요로운 도시', '편리한 도시', '안전한 도시'라는 네 가지 기준을 설정하였다.

먼저 '아름다운 도시' 지표는 다음과 같은 세부 요소를 포함한다. 아름다운 경관을 위한 스카이라인(skyline)의 설정, 건축물의 색채·형태·구조의 조화, 아름다운 가로 조형물과 거리 환경 조성, 그리고 야간 경관을 위한 조명 시설 설치 등이 그것이다.

문화·역사·창조 어메니티에 해당하는 지표는 문화도시, 역사도시, 창

---

9) UNDP(United Nations Development Program)세계 186개국 대상, '2013 인간개발지수'발표, http://www.unfpa.org , 삶의 질에 대한 인간개발지수.

조도시로 나눌 수 있다.

　문화도시의 지표로는 유형 및 무형 문화재의 보전과 계승, 지역 고유의 도시 축제 및 행사 공간 마련, 다양한 문화공연이 가능한 시설 확보, 문화 콘텐츠와 스토리텔링이 담긴 환경 조성 등이 포함된다.

　역사 도시의 지표로는 전통적 거리의 조성, 문화유적 및 그 주변 지역의 보전, 역사적 전통주택의 복원, 역사 체험 프로그램 운영이 가능한 공간 조성 등이 있다.

　창조도시는 개성이 살아 있는 도시 문화와 디자인, 유비쿼터스 기반의 정보화 도시 환경, 활기찬 리듬이 살아 있는 음악 공간, 자유로운 창작활동이 가능한 미술거리 공간 등으로 구성된다.

　궁궐과 도시는 오랜 세월을 거쳐 발전해 왔지만, 현대에는 사회·경제·문화·역사 등 다양한 측면들과 복잡하게 결합 되어 있어 이를 해결하기 위한 제안을 한다면 다음과 같다.

　첫째, 도심 속 궁궐의 특성을 반영한 사회·경제적 도시 어메니티 활성화를 위해, 아름다운 경관을 보전하고 여유로운 도시 환경을 조성할 필요가 있다. 이를 위해 체계적인 공원과 녹지 공간을 마련하고, 도시의 자연 속에서 궁궐과 주변 건물 환경을 구축해야 한다. 또한 궁궐과 건축물의 색채와 형태, 구조의 조화, 가로 조형물과 가로수, 도시 스카이라인에 어울리는 조명 설치 등을 통해 궁궐 중심의 아름다운 도시 경관을 조성해야 한다. 이러한 변화에는 도시경관에 어울리는 디자인 도입과 함께 관련 법적 제도 마련이 뒷받침되어야 한다.

궁궐과 도시빌딩 숲의 도시어메니티 지표 적용

지표	지표 내용	세부지표 내용
사회·경제 어메니티	아름다운 도시	아름다운 경관의 sky line 설정
		건축물의 아름다운 색체, 형태, 구조의 조화
		아름다운 가로조형물과 가로 환경 조성
		아름다운 조명 시설 설치
	풍요로운 도시	다양한 일자리와 고용기회 제공
		여유로움와 소풍을 즐기는 공원 녹지 조성
		문화생활을 위한 미술관 및 박물관 유치
		레저나 스포츠 등의 시설 공간 마련
	편리한 도시	의료시설의 양호한 입지와 근접함
		공공시설과 문화시설의 근접함
		교육시설의 근접함
		편익시설(쇼핑시설 및 상업시설)의 근접함
		대중교통과 보행 중심의 녹색교통 시스템 구축
	안전한 도시	범죄 예방의 시스템 설치
		자연재해 예방을 위한 방재시설 구축
		교통사고 방지 시설 설치
		화재예방의 소방시스템 구축

문화·역사·창조 어메니티	문화 도시	유형·무형 문화재의 보전과 계승
		다양한 지역적 도시축제 및 행사 시설 공간 마련
		다양한 문화공연을 할 수 있는 문화 시설
		문화컨텐츠와 스토리텔링을 포함한 환경
	역사 도시	전통적 거리 조성
		문화유적과 그 주변지역의 보전
		역사적 전통주택 복원
		역사 체험 프로그램 운영할 수 공간 개발
	창조 도시	개성이 살아 있는 도시 문화와 디자인 창조
		ubiquitous(유비쿼터스) 정보화 기반의 도시창조
		활기찬 리듬이 살아있는 음악 공간
		자유로운 창작 활동을 할 수 있는 미술거리 공간

출처: 박순희 도시어메니티 지표, 2013.

둘째, 궁궐과 도시 빌딩 숲이 어우러진 풍요로운 도시 어메니티 실현을 위해서는 다양한 일자리와 고용 기회 제공, 여유로운 공원녹지 공간 확보, 문화생활을 위한 미술관·박물관 유치, 레저 및 스포츠 시설 조성 등이 필요하다. 이와 더불어 도시 공동이용시설 설치에 대한 비용 지원도 확보해야 하며, 이를 위해 궁궐 주변에 친환경 기업 유치가 필요하다.

셋째, 편리한 도시 환경 조성을 위해 의료시설, 공공시설, 문화시설, 교육시설, 편익시설 등에 대한 접근성을 높이고, 시민들의 이동 거리와 이동량을 줄이기 위해 정확하고 충분한 안내 표지판을 적절한 위치에 설치해야 한다.

넷째, 안전한 도시 어메니티 확보를 위해 범죄 예방 시스템 구축, 자연재해 예방을 위한 방재시설 설치, 교통사고 방지 시설 마련, 화재 예방을 위한 소방 시스템 구축이 필수적이다. 이는 소중한 궁궐의 보존과 시민의 재산과 건강을 지키며 삶의 질을 향상시키기 위한 관리 방안을 마련하는 데 목적이 있다.

또한 궁궐과 도시의 유형·무형 문화재 보전과 계승을 위해서는 문화자원과 역사자원을 적극적으로 보호하고, 문화시설의 활용도를 높여야 한다. 문화시설에 대한 홍보와 접근성 개선, 무형문화재와 지역의 역사, 축제, 유명 인물, 문화산업을 담아낼 수 있는 문화 콘셉트와 관람 환경을 마련해야 하며, 시민과 문화를 연결하는 문화 네트워크를 구축해 자연스럽게 문화 향유 기회를 넓혀나가야 한다.

궁궐과 도시만의 독창성을 살린 창조도시를 만들기 위해서는 유비쿼터스 기반의 활기찬 음악 공간과 자유로운 창작 활동이 가능한 미술거리 조성이 필요하다. 오늘날의 문화공간은 단순한 소비 공간이 아니라, 수익을 창출하며 시민의 여가 공간으로서 기능한다는 인식 전환이 중요하다. 궁궐과 도시 빌딩 숲의 도시 어메니티 창출 및 활성화를 위한 기반 마련을 위해서는, 관련 개별 법률과 지자체 조례 등을 체계적으로 연계해 통합 운영하는 방안을 검토해야 한다. 이는 궁궐과 도시 빌딩 숲의 가치를 재발견하고, 시민의 삶의 질을 높이는 제도적 기반이 되기 때문이다.

참고문헌

- 이재홍, 2006, "국토어메니티 창출을 위한 과제와 전략: 살고 싶은 도시와 어메니티", 국토교통부
- 전영옥, 2003, 어메니티가 도시경쟁력이다, 삼성경제연구소
- 도쿄대학 cSUR-SSD 연구회, 2012, 정병두·박내선·권영인 옮김, 『살고싶은 도시100』
- Oxford and Cobuild: 영국의 Oxford University (http://www: Oxford Language Dictionaries Online) 출판된 사전과 Birmingham University에서 출판된 사전.
- OECD, 2000, 『OECD Proceedings: Valuing Rural Amenities』, 『Amenity and Urban Planning』, London: Crosby lockwood Staples
- 문화재청 www.heritage.go.kr
- 서울시정개발연구원, 2006, 『서울시의 쾌적성(Amenity) 평가체계 구축방안』
- 머서 삶의 질 지표 연구 http://www.mercer.com
- 유네스코와 유산 http://www.unesco.or.kr/heritage

공유수면 매립과 인천의 도시성장

박형균 | 인천도시공사 본부장, 인하대학교 겸임교수

도시개발전문가로 인천광역시청, 인천도시공사에서 도시계획 수립과 도시개발·재생사업을 30년간 수행하였다. 영종하늘도시, 검단신도시, 계양TV, 도화지구 등 대규모 개발사업과 검단산업단지, 도시재생뉴딜사업, 도심공공주택복합사업 등 다양한 사업을 추진하였으며, 인천시 정책사업인 제물포르네상스사업(동인천역 복합개발, 1,8부두 항만재개발)을 주도하면서 인천의 도시성장과 함께하였다.

인하대학교 대학원에서 「도시재생사업의 주민만족도와 성공요인에 관한 연구」 논문으로 도시계획학 박사학위를 취득하고, 겸임교수로 재직하고 있다.
인천시 도시계획위원회, 도시재정비위원회, 한국부동산원 소규모주택정비사업 자문위원회, 인천시 동구 옥외광고심의위원회, 한국광해광업공단 자문위원회 등 다양한 분야에서 활동하고 있다.

개항 이전, 인천시는 제물포라는 작은 어촌 마을에 불과했다. 하지만 1883년 개항과 함께 외국 문물이 유입되면서 인천은 빠르게 성장했고, 인구 증가와 도시 구조의 변화를 경험하게 되었다. 인천이 오늘날과 같은 대도시로 발전한 가장 큰 배경은 수도 서울과 가까운 지리적 위치와 항만이라는 중요한 도시 기능을 갖추고 있었기 때문이다. 특히, 한국의 경제 성장기에 물류와 유통의 중요성이 강조되고, 수출 산업이 본격화되면서 항만의 역할이 더욱 커졌다. 또한, 수도권이라는 거대한 배후시장과 항만 교통의 중심지라는 강점을 바탕으로 인천은 지속적으로 성장하며 현재의 모습을 갖추게 되었다.

　인천시의 도시성장은 타 도시와 명확히 구분되는 점은 연안도시에서만 시행될 수 있는 공유수면매립을 통해 새로운 토지를 생성하면서 지형적으로 확장되어 왔다는 것이다. 인천은 서해안의 리아스식 해안(Rias coast)과 조수간만의 차가 심한 지형적 특성을 이용하여 개항기부터 최근까지 지속적인 매립사업이 추진되어 왔다. 개항기에는 미국, 독일, 영국, 일본, 중국 등 외국인을 위한 전용주거지 확보를 위해 사업이 이루어졌고, 일제시대에는 항만기능 확장과 공장용지 확보를 위해 매립사업이 추진되었다. 1945년 이후에는 공업용지와 항만시설용지를 비롯하여 농업용지, 쓰레기용지, 발전용지 등 시기별로 부족한 도시기능을 확충하기 위해 해안매립이 적극적으로 이루어졌다.

이렇듯 인천시의 도시성장에 지대한 영향을 미친 매립사업에 대한 개념과 우리나라 및 인천의 매립사업의 역사와 특징을 살펴보고 정책적 제언을 제시하였다.

공유수면 및 매립사업의 개념

공유수면이란 바다, 바닷가, 하천·호소·구거, 그 밖에 공공용으로 사용되는 수면 또는 수류로서 국유인 것을 말하며 『공유수면 관리 및 매립에 관한 법률』에서 정의하고 있다. 여기서 "바다"라 함은 해안선으로부터 「배타적경제수역법」에 따른 배타적 경제수역 외측 한계까지의 사이를 말한다. 그리고 "바닷가"는 해안선으로부터 지적공부에 등록된 지역까지의 사이를 말하는데 1999년 8월 8일 이전 법령에서는 "빈지(濱地)"라고 하였다. "포락지(浦落地)"는 지적공부에 등록된 토지가 물에 침식되어 수면 밑으로 잠긴 토지를 말하며, 바다에 속한 포락지와 국유의 내륙 포락지는 공유수면에 해당된다. 그러나 공공용으로 사용되는 지방자치단체 또는 개인 소유 토지 위의 수면은 공유수면으로 볼 수 없다.

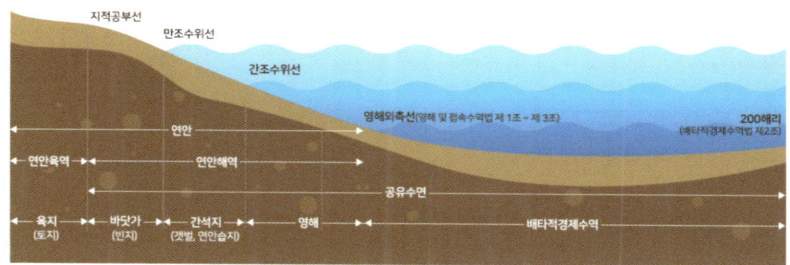

〈 공유수면과 바닷가 〉
자료 : 해양수산부, 연안포털 (https://coast.mof.go.kr)

　공유수면 매립이란 공유수면에 흙, 모래, 돌, 그 밖의 물건을 인위적으로 채워 넣어 토지를 조성하는 것을 뜻하는 것으로 공유수면이 상실되고 지번을 부여하여 소유권 취득이 가능한 토지를 조성하는 것을 뜻한다. 그러나 물이 없어 사실상 토지화된 국유지인 하천, 유지, 구거와 바닷가 자체는 공유수면법의 매립대상이 될 수 없다.

　매립면허는 특정 공유수면에 대하여 토지로 조성할 권리(소유권 취득)를 설정하여 주는 것을 말하며, 조성된 토지 중 공용 또는 공공용 토지는 국가 또는 지자체가 소유권을 취득하고, 총사업비 상당 매립지는 피면허자가, 바닷가에 상당하는 면적과 잔여 매립지는 국가가 각각 소유권을 취득하게 된다.

　공유수면매립법에 의해 조성된 새로운 토지는 매립목적에 따라 17개로 구분하고 있으며, 구체적으로 살펴보면 항만시설, 공항시설, 조선시설, 어항시설, 에너지시설, 물류단지·가공시설, 농업·축산업용지, 중간재가공공장, 원자재가공공장, 주택시설, 문화산업시설, 관광사업시설, 교육시설, 체육시설, 공공시설, 폐기물처리시설, 그 밖의 시설 용지 등으로 다양하게 이용되고 있다.

공유수면 매립절차는 『공유수면 관리 및 매립에 관한 법률』에 따른 절차를 거쳐야 한다. 먼저 공유수면매립 기본계획에 반영하고 매립면허를 취득한 후 실시계획 승인을 받아 공사를 착공하고 준공되면 토지를 등록함으로써 새로운 토지가 생성된다.

공유수면매립은 아주 오래전부터 더 넓은 땅을 확보하기 위한 인류의 노력으로 세계 곳곳에서 진행되었으며 이를 통해 조성된 토지는 다양한 용도로 활용 되어왔다. 문명의 초기에는 강을 메워 농경지를 마련하고자 했던 노력에서 시작되었으며, 최근에는 바다를 메워 땅을 넓혀가는 해면 매립으로 발달하였다. 1960년대 이전까지는 주로 농경지 확장이 주목적이었으며, 1970년대 이후에는 산업도시용지를 포함하는 복합 용도사업으로 추진되었고 20세기 후반에 들어서는 환경보호, 생태계 보전 등의 이슈가 제기되면서 공유수면매립에 의한 무분별한 난개발을 억제하고 있다.

우리나라의 경우도 공유수면매립사업은 과거 대규모 농지 조성을 통한 식량자급기반 조성과 국가산업단지 조성을 통한 국가 경제발전에 기여하기 위해 적극적으로 추진되어 온 것을 볼 수 있다.

그러나, 대규모 공유수면매립에 따른 환경과 생태계 측면에서의 부작용이 부각되면서, 무계획적인 개발 방지 및 공유수면의 합리적, 효율적 이용·관리를 위해, 매립사업의 사전검토를 통한 매립예정지역을 고시하도록 하는 공유수면매립기본계획을 1991년 부터 매 10년 마다 수립하고 있으며, 공공자산인 공유수면의 효율적인 관리와 보전을 위해서는 관할 기관의 면허를 받아야만 매립이 가능하도록 하였다.

공유수면매립기본계획의 수립

우리나라는 1962년 1월에 공유수면매립법을 제정하여 '공유수면매립 기본계획'을 수립하는 근거를 마련하고 1991년 2월 공유수면매립 기본계획을 최초로 수립하였다. 매 10년마다 광역시도, 지방해양수산청, 관련 부처 등을 대상으로 매립지에 대한 수요조사를 실시하고, 대상지구별 타당성 평가, 관계기관 전문가 의견 수렴 및 중앙연안관리심의회 심의 등을 거쳐 공유수면매립 기본계획을 수립하였다.

5년마다 타당성을 검토하여 기본계획을 정기적으로 변경함으로써 당위성이 낮은 매립수요는 배제하고, 항만 및 연안이용 여건상 매립이 불가피한 경우와 해양환경이 심히 훼손 또는 환경피해영향이 적은 대상지 위주로 최소화하여 반영지구를 선정하고 있다.

과거 공유수면매립은 농업, 공업에 필요한 용지를 확보하고 국토확장 측면에서 당연시 되어 왔으나, 정부는 무계획적 개발에 의한 부작용 방지와 국가의 중요 자원인 공유수면을 합리적이고 효율적으로 이용, 관리하기 위해 매립사업 사전검토를 통해 매립예정지를 고시할 수 있도록 1991년에 제1차 공유수면매립기본계획을 수립하였으며, 고시된 지역에 대해서만 매립이 가능하도록 하고 있다.

제1차 기본계획(1991년~2000년)의 주요 매립사업으로는 단군이래 최대의 매립사업이라고 할 수 있는 새만금 종합개발사업이 시작되었고, 영종·용유지구, 영흥화력발전소 부지, 석문지구 등이 있다.

제2차(2001년~2010년)에서는 연안의 환경 및 생태 보전에 중점을 두고 반영지구를 평가할 때 매립으로 인한 환경 및 생태계의 영향을 주요 평가기준으로 적용하였다. 매립타당성 평가 과정에서 시민, 환경단체, 전문가, 교수 등이 함께 참여하여 전문성 강화, 상호이해관계를 조정하게 하였다.

제3차(2011년~2020년)는 국가 및 지역사회 공공의 이익을 위한 공유수면매립은 긍정적으로 검토하되 당위성이 낮은 매립수요는 배제하는 등 공유수면의 보존과 공공적 이용을 위한 정책적 기조를 유지하였다.

제4차(2021년~2030년) 기본계획은 2021년 8월 수립되었으며 현재 이를 기준으로 매립사업을 추진하고 있다.

우리나라 공유수면 매립의 역사

우리나라는 고려시대 몽골의 침략에 대비한 해상방어의 목적으로 제방을 구축하며 간척의 역사가 시작되었다고 한다. 쌀을 주식으로 하는 우리나라는 논으로 활용할 만한 토지가 그리 많지 않아 비교적 논으로 이용 가능성이 높은 곳을 선택하여 간척지 개발을 시도했을 것으로 추정된다. 고종 35년(1248년) 몽고병란 시 군량미 조달을 위해 갈대섬에 제방을 축조하여 농지를 조성하고 백성들에게 경작하게 한 것이 시초라고 한다.

조선시대에는 주로 군량미를 조달하기 위하여 강화도(삼간, 태청, 장지, 굴진포, 기포 등), 황해도(사리원), 평안남도(위도)에 간척지를 조성하였으며, 다산 정약용은 목민심서에 기중기라는 기구를 만들어 큰 돌을 이용한 제방 축조 기술과 배수갑문 축조 방법을 기록하였다.

강화도는 우리나라의 섬들중 네 번째로 큰 섬이며, 1931년 몽골이 고려를 침입하자 개경에서 강화도로 수도를 이전하여 1232년부터 1270년까지 39년간 고려의 수도였다. 그 당시 수도 개경에서 강화도로 이주한 인구가 30만 명에 이르렀다는 기록을 보면 강화도는 그야말로 수도 이전의 엄청난 역사의 현장이었을 것이다. 몽골군의 침입을 막기 위해 시작된 강화도의 간척사업은, 이후 부족한 식량 조달을 목적으로 간척사업을 통해 농지를 조성하였다. 조선시대에도 강화도에서의 간척사업은 활발하게 추진되었으며, 그 결과 과거에 다수의 섬으로 이루어져 있던 강화도에 지금의 해안선이 만들어졌음을 알 수 있다.

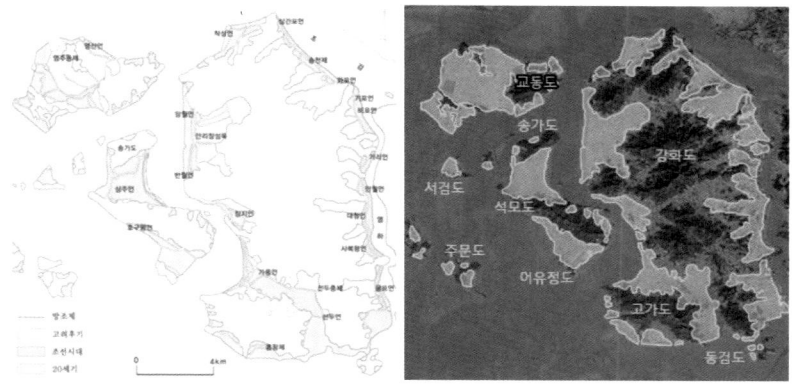

〈 강화도 공유수면 매립 모습 〉

자료: 해양수산부, 연안포털 (https://coast.mof.go.kr)

일제강점기(1910년~1945년) 간척의 역사는 전라북도 지역 간척의 역사였다. 일제는 광활한 간석지가 펼쳐져 있던 전라북도 연안을 거대한 농토를 만들어 낼 천혜의 땅으로 보고 일제강점기 초기부터 눈독을 들여왔다고 한다.

제방을 쌓아 바닷물의 유입을 막는 근대적 의미의 간척은 군산, 김제, 부안 등 전라북도 곳곳에서 일본인에 의해 시작되었고, 김제 지역 광활한 간척지는 동진강 하구에 10km의 방조제를 축조하여 조성된 대표적인 간척지였다. 이 기간 간척 개간 등으로 302개 지구, 53,596ha의 농지가 조성되었다.

과거 우리나라에서는 간척지 개발이라는 용어가 더 익숙하게 사용되었으나 일제강점기에 "산미증산계획"의 일환으로 수리시설 확충과 농지 확대를 위해 1917년 조선공유수면 매립령을 공포하고 매립 사업을 추진하면서부터로 공유수면매립이라는 용어를 사용한 것으로 알려져 있다. 일제에 의한 산미증산계획이란 1920년부터 1944년까지 식민지 조선을 식량 및 원료 공급지로 만들기 위해 실시한 농업정책을 말한다.

광복 이후 공유수면매립기본계획이 수립되기 이전(1946년~1990년)까지의 매립사업은 정부와 국제연합 민사처 원조에 힘입어 일제강점기에 시행하다 중단되었던 사업을 수행하였으며, 강화 간척사업과 같은 신규사업(광복이후 최초)이 정부를 대행한 대산수리조합 연합회 직영으로 추진(1951년)되었다. 1970년대 이후에는 대규모 농업종합개발사업이 가장 활발하게 진행되던 시기였으며, 매립사업은 국가경제발전에 직결될 뿐만 아니라 극심한 식량난 해결에 가장 효과적인 정책수단이 되었다.

인천의 공유수면 매립의 특징

인천은 제물포 중심의 개항장으로 출발하여 공유수면매립과 행정구역 확장을 통해 광역도시로의 성장을 거듭해 왔다. 공유수면개립은 인천의 부족한 도시용지를 공급하는 역할에 일익을 담당해 왔으나 기존의 리아스식 해안이 사라지고 일직선의 해안선이 형성되면서 인공화되는 문제점도 발생하였다.

인천 갯벌의 특징

우리나라 서남해안 갯벌은 국제적으로도 우수한 갯벌로 인정받고 있다. 갯벌은 수산자원의 생산, 각종 오염물질의 정화, 경관적 가치의 역할을 수행하였으며 최근에는 휴식 및 친수공간으로 그 가치가 점점 부각되고 있는 추세다.

전국 갯벌은 2023년 기준 2,443.3㎢로 국토면적(100,449.4㎢)의 2.4%로 그 면적이 매년 감소하고 있는 추세이다. 이중 인천은 688.6㎢로 전국 갯벌의 28.2%를 차지하고 있으며 인천면적(1,067.1㎢)의 절반이 넘는 64.5%를 차지하고 있어 매우 중요한 자원이 아닐 수 없다.

인천의 간척사업은 1950~60년대 난민구호 사업으로 중소규모의 간척사업이 진행되었고, 1970년대 이후 대규모 간척사업에 의해 급변하였다. 간척사업은 바다와 갯벌을 대상으로 생업에 종사하던 해안마을의 기능을 상실시켰고 지역주민들을 다른 지역으로 이주하게 하였다.

인천의 갯벌은 크게 인천 북쪽의 김포갯벌, 남쪽의 송도갯벌, 남동갯벌 3곳으로 이루어져 있었나 매립되어 김포갯벌은 쓰레기매립장으로 남동갯벌은 남동공단으로 활용되고 있다. 그리고 송도갯벌은 송도국제도시로 탈바꿈되었다.

〈매립전 80년대 동막마을〉　　〈송도매립공사 현장 1998년〉
자료 : 인천시 굿모닝인천, 송도국제도시 매립30년 1994~2024, 그리고 미래 (2024.9.5)

연안 도서의 육지화와 해안선의 직선화

1910년과 2003년의 지형도를 기준으로 비교해 보면, 인천 서해안에는 총 47개 도서가 산재해 있었는데 현존하는 도서는 9개에 불과하고, 26개 도서는 일부 매립되었으며, 12개 도서는 완전 매립되어 지도에서 사라진 것을 알 수 있다.

구체적으로 살펴보면 아암도와 소암도는 송도유원지로, 대원예도와 소원예도는 남동공단으로, 분도·원도(낙섬)·월미도 등 6개 섬은 인천항의 항만축조로 육지가 되었다. 묘도는 경인철도 정차장 부지로 지상에서 사라졌고 그리고 율도, 청라도, 일도 등 15개 섬은 청라경제자유구역(舊 동아매립지)으로 새롭게 조성되었다. 또한 수도권쓰레기매립지 조성을 위해 거첨도, 율도, 난지도 등 12개 섬도 육지화되었다.

그 외에도 영종도와 용유도 사이 갯벌을 매립하여 2001년 인천국제공항이 탄생하였고, 이로 인해 두 섬은 하나의 큰 섬이 되었다. 공항건설 자재를 확보하기 위하여 삼목도와 신불도도 함께 사라졌다.

이와 같은 매립사업을 통해 엄청난 면적이 육지화가 되면서 인천이 거대도시로 성장하는 토대가 마련되었지만 연안의 수많은 아름다운 섬들과 리아스식 해안이 사라진 것은 매우 안타까운 현실이다.

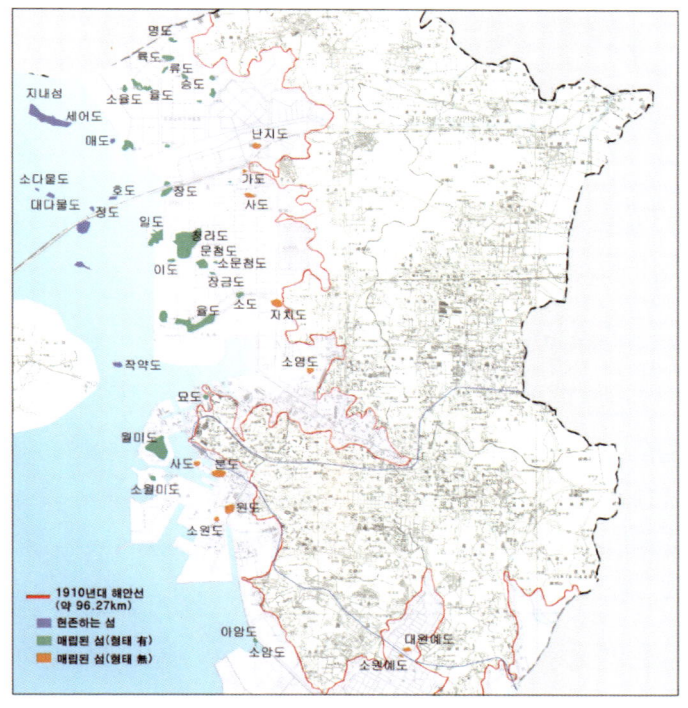

〈 인천 해안의 도서 현황도 〉
자료: 인천광역시, 지도로 보는 인천120년 (2004.12)

또한 해안매립에 따른 가장 큰 변화는 해안선이다. 서해안은 간만의 차이가 크고, 리아스식 해안으로 굴곡이 심해 해안선의 길이가 긴 것이 특징이었다. 그러나 인천의 해안선은 오랜 기간 매립의 결과로 무미 건조한 직전화가 되어 버렸다.

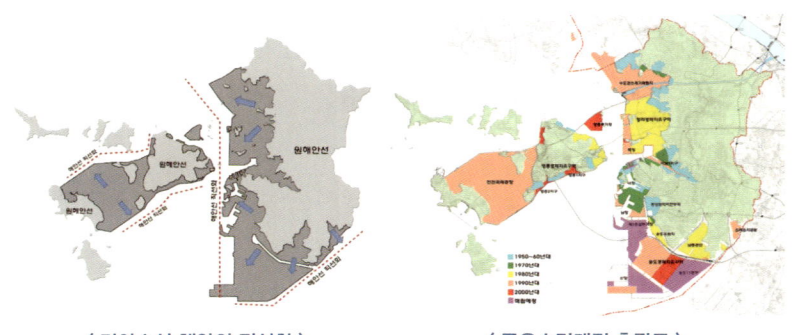

〈 리아스식 해안의 직선화 〉　〈 공유수면매립 총괄도 〉

자료: 인천발전연구원, 인천 공유수면매립에 따른 토지이용현황 및 실태분석에 관한 연구 (2009.12)

공유수면 매립은 대부분 해안선과 접해서 이루어지므로 매립이 시행되면 기존 지형의 변화가 불가피하다. 기존 해안선 위치가 변화하고 형태, 토질, 표고 등의 변화가 발생한다. 특히 매립이 이루어지는 곳은 만(灣)형의 굴국 지역이 대부분인데, 이러한 지형에서의 매립은 해안선의 단축을 야기한다.

해안선의 인공화는 특히 인천 연안에서 두드러지는데 123.9㎞중 거의 대부분이 인공해안선으로 변모하였다고 한다. 매립에 의한 연안환경의 연쇄적 변화가 나타나고 인위적인 해안선 변화는 자연환경의 변화는 물론이고 인접한 해안선에도 영향을 미치고 있다.

도시계획구역의 확장과 공유수면

1883년 개항 이후 지금의 중구 일대를 중심으로 일본인 전용거주지, 청국인 전용거주지 그리고 미국·독일·영국 등 서구인 전용거주지가 설정되고, 그들에 의해 격자형 가로망 등 도시시설을 갖춘 서구식 도시계획이 시행되었다.

인천 최초의 법정 도시계획은 1934년 조선시가지계획령에 의한 1937년 인천 시가지결정에서부터 시작된다. 최초의 도시계획구역은 27.588㎢(현재 도시계획구역의 2.0%)로, 목표연도 1960년에 계획인구는 20만 명의 도시계획이었다.

1970년대에 서구, 중구, 동구 일대의 매립지와 현재 남동공단에 해당하는 공유수면매립지가 도시계획구역으로 편입되었다. 80년대에 인천항 공유수면매립지와 서구 수도권쓰레기매립지, 90년대에는 영종·용유 및 무의도를 편입하고 지금의 인천국제공항에 해당하는 영종도 일대 공유수면을 도시계획에 포함하면서 도시계획구역이 확장되었다.

정책적 제언

우리나라는 서해안 지역을 중심으로 가장 경제적인 토지확보의 수단이라는 인식하에 공유수면매립이 대규모로 추진되어 왔다. 인천시도 공유수면매립이 행정구역의 확장과 부족한 도시용지 공급에 중요한 역할을 담당하였다. 인천항, 인천국제공항, 경제자유구역, 항만, 공단 등 주요 인프라시설 및 산업·경제용지를 해안 매립을 통해 확보하였으며, 이는 인천을 비롯한 국가의 발전을 위한 견인차 역할을 담당하여 온 것이 사실이다.

그러나 공유수면매립으로 인해 기존 연안지역은 내륙지역으로 변모하면서 천해의 갯벌과 많은 도서가 육지화되어 사라지는 등 환경적 변화를 초래하였다. 또한 서해안의 특성인 전형적 리아스식 해안이 사라지고 직선화되어 점차적으로 해안선이 단축되는 방향으로 해안매립이 진행되어 왔다.
  최근 들어 저탄소·녹색성장 이념과 더불어 갯벌의 경관적, 환경적 가치가 더욱 부각되고 있으며 우리나라도 4만 불 시대에 접어들고 있는 시점에서 연안지역에 대한 체계적인 관리와 친수공간 확보 등에 대한 정책 변화가 필요하다 하겠다.

  먼저 대규모의 매립사업은 최대한 억제하여야 하고 불가피하더라도 환경 피해가 상대적으로 적은 소규모 매립 및 공공사업을 대상으로 최소한으로 매립을 허용할 필요가 있다. 그리고 매립공법도 곡선형의 지선을 형성하고 자연석을 이용한 호안조성, 친수공간 확보 등 최대한 환경친화적 공법을 도입하여야 할 것이다. 이를 통해 일직선화된 해안선을 최소한이라도 리아스식 해안의 형태를 복원하면서 해안선의 길이를 늘려나가는 노력이 필요하다.
  두 번째는 인천 연안지역에 대한 종합적 정비계획을 수립하여야 한다. 물론 도시기본계획에서 기본 방향은 제시하고 있다고 하나 그 내용이 구체적이지 못하다. 실질적으로는 연안지역에 대해 여러 방면에서 각기 다른 이용계획 및 개발구상이 만들어지고 추진되고 있지만, 개개의 구상 배경과 개발목적이 다양할 뿐만 아니라 사업추체가 서로 달라 주변계획과의 연계성이 부족한 실정이다.
  공유수면 매립지는 토지이용에 대한 공공성 및 효율성, 합리성이 전제

되어야 하며, 이를 실현하기 위해서 명확한 기본방향을 설정할 필요가 있다. 기 매립되었거나 앞으로 생성될 토지는 사회·경제적 상황 등의 변화에 적극 대응할 수 있는 토지이용을 도모하고, 도시 전체 차원에서 균형 있는 개발이 추진되어야 하기 때문이다.

세 번째는 사회적 여건 변화에 따른 매립지의 용도 전환을 통해 도시기능을 높여나가야 할 것이다. 매립사업이 1990년대 이후 다양한 도시기능을 담아낼 목적으로 추진되었으나 산업구조가 빠르게 변화하고 있는 요즘에 당초 매립목적에 따라 토지이용이 국한되는 불합리한 점이 발생하기 때문이다. 따라서 친환경성과 공공적 가치를 제고하여 현재와 미래발전에 부합하도록 토지의 용도 전환이 가능하도록 해야 할 필요가 있다.

마지막으로 연안 지역이 민간기업에 의해 사유화되면서, 시민들이 바다에 쉽게 접근할 수 없는 곳이 많아졌다. 이를 해결하기 위해 해안선 주변 일정 구역을 공공이 소유하거나 시민들이 자유롭게 이용할 수 있도록 해야 한다. 이렇게 하면 해안선을 따라 조성된 친수 공간을 모두 공공의 영역으로 돌려줄 수 있다. 원래 바다는 국민이 함께 누려야 할 공유 자산이므로, 공공과 공익을 위한 토지 이용을 확대하는 것은 마땅한 일이다.

참고문헌

- 박형균, 2002, 인천시의 도시성장 특성에 관한 연구
- 굿모닝인천, 2004년 9월호, 송도국제도시 매립 30년(1994~2024), 그리고 미래
- 인천광역시, 2004, 지도로 보는 인천 120년
- 인천발전연구원, 2009, 인천 공유수면매립에 따른 토지이용현황 및 실태분석에 관한 연구
- 해양수산부, 연안포털 https://coast.mof.go.kr

세계의 롤 모델 지역공동체플랫폼, '서로 e음'의 성공 비결

변주영 | 인천광역시 경제특별보좌관(前 인천경제자유구역청 차장)

경제전문가로 경제자유구역 개발, 투자유치, 국제협력, 지역경제 활성화 분야 등에서 28년 이상의 실무경력자이다. 제1회 지방 고시에 합격 후 인천시 공직에 입문했으며, 인천경제자유구역청(IFEZ)의 개청 멤버로서 IFEZ의 비전과 전략을 최초로 수립하였다. 특히, 한국GM 철수 위기 시 5만 3천 개 일자리를 보호하고, 국내 최초의 전자지역화폐 플랫폼 인천e음'을 도입하여 지역경제 활성화에 크게 기여하였다.

또한, K-바이오 랩허브 유치, 청라시티타워 사업 정상화, 송도 6·8공구 아이넥스시티 개발사업 재개 등의 성과를 창출하며 인천의 지속가능한 성장을 이끌고 있다. 국제적 감각을 갖춘 글로벌 전문가로서, 2010년 대한민국 최초의 지방자치단체 출신 외교관으로 외교부 통상투자진흥과 1등 서기관 및 주애틀랜타 총영사관 경제담당 영사도 역임한 바 있다.

* 본 글은 인천광역시 서구에서 시행한 대한민국 최초의 전자지역화폐 플랫폼인 '서로e음'에 관한 글입니다. 코로나 팬데믹 시기에 구민과 소상공인들로부터 지대한 사랑을 받았던 정책이기에 그 감동을 담아 역사의 한 장면으로 남기고자 합니다.

코로나19로 모두가 어려움을 겪고 있다. 정부가 고강도 사회적 거리두기 캠페인을 실시하면서 전례 없는 반강제적인 집콕도 현실화됐다. 사람들이 외출을 자제하면서 가게에는 손님들의 발길이 뚝 끊겼고, 학생들은 세 차례의 개학 연기 끝에 사상 초유의 온라인 개학이라는 시대적 변화를 맞이했다.

연일 예측 불가능한 사태가 일어나면서 경제는 더욱 어려워지고 있다. 특히 소상공인과 중소기업인들의 신음이 깊어지고 있다. 실제 현장의 목소리는 상상을 초월할 만큼 심각하다. 이에 정부와 각 지자체에서는 지역 상권 살리기를 최우선 목표로 각종 지원책을 내놓는 중이다. 그 대표적인 매개체가 지역화폐 또는 온누리상품권이다.

불과 몇 년 전만 해도 낯설었던 지역화폐는 지난해를 기점으로 큰 변화를 맞이했다. 종이 형태의 상품권이 대부분이었던 2018년에는 3,714

억 원의 지역화폐가 발행되었지만, 2019년 모바일과 카드 형태로 업그레이드되면서 2019년 3조 2천억 원, 2020년 13조 3천억 원, 2021년 23조 6천억 원, 2022년 27조 2천억 원이라는 대규모 금액이 발행됐다. 4차 산업혁명 시대에 맞는 전자식 형태의 발급이 주효했다. 전자식 중에서도 편의성과 범용성을 갖춘 카드 형태가 널리 쓰이는 중이다.

앞으로는 지속 가능성을 위해 지역화폐를 품은 플랫폼의 역할이 무엇보다 중요하다. 그 플랫폼은 오장육부가 아닌 오장칠부라 불릴 만큼 우리와 떼려야 뗄 수 없는 관계가 된 스마트폰과 연계해 한층 더 큰 파급효과를 갖게 된다. 미국 여론조사 기관인 퓨리서치센터에 따르면 한국은 18세 이상 인구의 100%가 휴대전화를 보유 중이고, 95%가 스마트폰을 사용하고 있다. 스마트폰 없이 생활하는 걸 힘들어하는 사람들을 뜻하는 '포노 사피엔스(Phono Sapiens)' 시대를 실감하게 하는 조사 결과다.

서구 지역화폐 서로e음은 선제적인 활용법을 도입해 초기 카드가 지닌 편의성을 앞세워 59.8만 서구민의 85%가 넘는 51만 명의 사용자를 확보함으로써 플랫폼의 경쟁력을 끌어올렸다. 발행액만 보더라도 누적 3조 1,619억 원으로 기초자치단체 단위 전국 최대 발행액을 기록했다. 2019년 5월 1일 출시 이후 2022년 12월 31일까지 달성한 기록이라 더욱 놀랍다. 모바일 애플리케이션(앱)과 선불충전식 카드가 결합된 형태라 만 14세 이상이어야 회원 가입이 가능한 점을 감안하면, 만 14세 이상 서구민 51.3만 명의 모든 구민이 서로e음을 사용하고 있다. 서구 전체 세대 수인 25만 세대에 대입하면 1가구당 2장의 서로e음을 갖고 있는 셈이다.

이러한 결과는 각종 성과로도 나타났다. '2019년 대한민국 균형발전 박람회'에서 우수사례로 선정돼 지역특별관을 운영하며 전국 지자체에 서로e음을 알리는 한편, 지역화폐 발행 지자체로는 유일하게 산업통상자원부 장관상을 받았다. 여기에 더해 '2019 우수브랜드대상', '2019 스타브랜드대상'도 연이어 수상했다.

서울, 대구, 부산, 광주, 제주, 전주, 천안 등 전국 곳곳 지자체의 벤치마킹도 이어졌다. 대전 동구의회와 전주시에서는 서로e음을 주제로 외부 강연도 진행했다.
서구 지역화폐가 이처럼 전국 지자체에서 각광받을 만큼 성공한 이유는 다섯 가지로 요약할 수 있다.

첫 번째는 리더십이다. 어떤 정책이든 추진력을 발휘하려면 리더의 정책 판단이 중요하다. 서구는 전국에서 유일하게 지역화폐와 관련해 주요 의사를 결정할 민관운영위원회를 구성했다. 소상공인단체, 소비자 대표, 구의회, 지역화폐 전문가, 지역 복지기관 대표를 위원으로 정하고, 서구청장은 위원장으로 참여해 모든 중요한 의사결정을 시민과 함께 소통하는 구조를 만들었다. 구청장이 직접 나서 사업 설명을 진행할 정도로 모범적인 리더십을 보였으며, 서로e음 시즌2 설명회와 전국 지자체 최초로 유튜브 채널을 통한 4시간 경품행사도 직접 책임감 있게 이끌었다.

두 번째는 지역화폐단의 열정과 헌신이다. 피터 드러커는 "측정할 수 없으면 평가할 수 없고, 평가할 수 없으면 개선할 수 없으며, 개선할 수 없으면 목표에 도달할 수 없다"고 했다. 서구는 부구청장을 단장으로 부서와 관계기관이 매주 전략회의를 열고, 정기적으로 현안을 검토하며 사업을 추진한다. 유연하고 속도감 있는 의사결정이 가능한 이유는 핵심인력이 함께 사업을 이끌고 있기 때문이다.

세 번째는 차별화된 홍보다. 지역화폐의 성공적인 추진과 홍보를 위해 각 부서 및 동에서 자체 홍보계획을 수립하고, 관내 237개의 크고 작은 단체와 협약을 체결했다. 이 가운데 가장 대표적인 홍보 사례는 바로 명예홍보대사 운영이다. 대가를 바라지 않는 자발적 홍보를 위해 주민대표, 기업가대표, 소상공인대표, 전통시장 상인회장, 청년창업가 대표, 학생대표 등 각계각층의 인물들이 명예홍보대사로 참여해 최선을 다하고 있다.

특히 전국에서도 규모나 영향력 면에서 손꼽히는 지역 커뮤니티인 '너나들이 검단맘', '달콤한 청라맘스' 카페 대표들이 명예홍보대사로 활동하며 힘을 보탰다. 이들의 참여 덕분에 부모님께 서로e음을 만들어드리기, 자녀에게 용돈카드를 만들어주기, 서로e음 장터 운영 등 기발한 아이디어가 더해져 서로e음의 초기 활성화에 크게 기여했다.

이렇게 건전하면서도 밀접한 연계를 통해 지역사회와 소통함으로써 단기간에 좋은 성과를 만들어냈다.

네 번째는 구민과 소상공인을 직접 대면하는 지역 매니저다. 서로e음의 활성화를 돕기 위해 2019년에는 각 동마다 2명씩 총 42명의 지역 매니저가 활동했으며, 2023년 현재까지도 6명의 지역 매니저가 활발히 활동 중이다.

이들은 스마트폰 사용에 익숙하지 않은 어르신들의 휴대전화에 서로e음 앱을 설치해 드리고, 계좌 연결까지 도와주었다. 또한 카드 결제 수수료 지원과 혜택플러스 가맹점 모집을 위해 소상공인들이 있는 곳을 직접 찾아가 상세히 설명하는 역할도 했다. 뿐 만아니라 메신저 프로그램 단체 대화방을 통해 각종 민원 사례를 공유하며, 집단지성의 힘을 발휘했다. 이렇게 지역 매니저들은 현장에서 구민과 소상공인을 직접 만나 서로e음의 사용을 돕고, 활성화를 위한 중요한 역할을 수행하고 있다.

다섯 번째는 서로e음이라는 똑똑한 플랫폼이다. 서로e음은 인천시 지역화폐인 인천e음을 기반으로 한 중층 구조로, 타 지자체와 달리 캐시백 지급 방식이 다르다. 충전 시 인센티브를 지급하는 것이 아니라, 결제와 동시에 인센티브를 지급해 사용자의 소비 욕구를 높인다.
캐시백 사용법도 간편해 충전부터 사용, 캐시 지급, 캐시 사용까지 모든 과정이 원활하고 복잡하지 않다.

서로e음은 그동안 캐시백에 집중됐던 사용자들의 관심을 서로e음 시즌2를 통해 다양한 부가기능으로 확장했다. 시즌2에서는 지속적인 서로e음 사용을 유도하기 위해 소비자들이 반길만한 각종 부가기능을 도입했다. 대표적으로 소상공인들이 자발적으로 1~5%를 할인해주는 혜택플러스서구를 도입해 광고 효과를 극대화했고, 배달서구를 통해 주문부터 결제까지 원스톱 서비스를 제공해 배달 수수료 부담도 해소했다. 또한 서로e몰을 통해 서구에서 생산되는 우수한 공산품과 식품을 전국 최저가에 판매하고 있으며, 서로도움 기능을 통해 어려운 이웃에게 손쉽게 기부할 수 있도록 했다. 이처럼 서로e음은 다양한 부가기능을 갖춘 매력적인 플랫폼으로 발전하고 있다.

 서로e음은 성공적인 시즌2에 이어, 지난해에는 서로e음 시즌3를 맞이했다. 시즌3에서는 ESG에 발맞춰 서구민의 건강과 환경 절약을 고려한 환경마일리지 서비스를 도입했다.
 특히 환경마일리지는 환경과 지역화폐를 결합한 전국 최초의 사례로 손꼽히며, 서구민들의 많은 참여와 긍정적인 반응을 이끌어내고 있다. 이 외에도 일회용기 사용 규제에 맞춰, 배달서구에서는 재활용이 가능한 다회용기를 이용해 음식을 주문할 수 있는 서비스를 도입했다. 또한 소상공인들이 자발적으로 할인해주는 혜택플러스서구를 캐시백 형태로 지급하는 상생가맹점 도입을 앞두고 있다. 골목상권 활성화를 위해 서구 내 지정된 16개 골목형 상점가 중 경서 골목상권 상인회를 시작으로 골목형 상점가와 서로e음을 결합한 LED 기능 탑재 골목 특화카드 출시도 준비하고 있다.

 커다란 톱니바퀴가 돌아가기 위해서는 초기에 많은 노력과 에너지가 필요하다. 하지만 한번 돌아간 톱니바퀴는 연속적인 힘에 의해 계속 돌아갈 수 있다. 서로e음은 구청장의 리더십, 지역화폐단의 열정, 지역사회와 밀착된 차별화된 홍보, 구민과 소상공인을 직접 대면하는 지역 매니저, 그리고 무한 확장 가능한 서로e음 플랫폼이라는 톱니바퀴들이 하나하나 잘 맞물려 만들어낸 전국 최고 수준의 지역화폐다.

 대한민국이라는 큰 톱니바퀴 역시 서로e음, 인천e음, 경기지역화폐, 군산사랑상품권, 포항사랑상품권 등 전국 곳곳의 수많은 지역화폐들이 힘을 합한다면 힘차게 돌아갈 수 있을 것이다.
 그렇게 모인 역량이 본격적으로 발휘된다면 지금 우리가 겪고 있는 경제 위기 또한 잘 헤쳐나갈 수 있을 것이다. 전 세계에서 주목받는 대한민국만의 코로나 위기 대응법을 이제 경제 분야에서도 힘껏 발휘할 때다. 바로 서로e음이라는 연결고리를 통해서 말이다.

국가도시공원의 필요성과 해외 사례

신 담 | 엔에이치스마트시티개발(주) 개발부 이사

도시개발전문가로 20여 년간 도시개발사업 일선에 참여하였다. 인천경제자유구역 청라국제업무지역에서 민간사업부문을 시행하였으며, 인하대학교에서 「국가도시공원 조성에 관한 전문가 인식 연구」에 관한 논문으로 도시계획학 박사학위를 취득하였다.

현재 평택 송북지구 도시개발사업을 시행하는 엔에이치스마트시티개발 주식회사의 개발부 이사로 재직 중이다. 엔에이치스마트시티개발 주식회사는 평택 송북지구에서 민간개발을 중심으로 시행하는 도시개발사업으로 토지평가협의회 위원으로도 활동하고 있다. 대외적으로 2024년 한국산업단지공단 건설자문 전문위원, 2024년 한국산업인력공단 국가전문자격 출제시험위원, 2025년 청주일반산업단지 제안서 평가위원으로 활동하였다.

현대 도시와 생태계 변화

산업혁명 이후 인류 문명은 빠르게 발전했다. 경제 성장과 도시화가 가속화되며 이제 현대인의 90%가 도시에 거주한다. 그러나 이러한 발전의 이면에는 다양한 문제들이 자리하고 있다. 인구 증가, 환경오염, 도시 경관 훼손, 기후변화와 같은 복합적인 문제들이 점점 심각해지고 있다. 특히, 지구 온난화와 수자원 고갈은 도시 생태계를 광범위하게 변화시키며 인류가 경험하지 못한 새로운 도전 과제가 되고 있다. 이를 해결하기 위해 미래 도시는 자연, 인간, 환경, 문화가 조화를 이루는 녹색 도시공간으로 새롭게 조성될 필요가 있다. 이 중에서도 국가 차원에서 추진하는 '국가도시공원'이 지속 가능한 도시 발전의 중요한 대안으로 주목받고 있다.

국가도시공원의 개념과 해외 사례

국가도시공원은 국가가 조성하는 대규모 공원이다. 생태계를 보존하면서도 도시민의 녹지 이용을 충족시키는 공간이다. 이 공원은 도시 내 자연환경을 최대한 유지하며 시민들에게 다양한 여가와 휴식 공간을 제공하는 역할을 한다. 이미 유럽 여러 국가는 환경 보호와 지속 가능한 도시 환경을 위해 다양한 공원 정책을 추진하고 있다. 이들은 도시의 무분별한 확장을 억제하고, 자연과 도시 기능이 조화를 이루도록 계획된 공원을 조성해 왔다. 공원이 단순한 녹지 공간을 넘어 도시민의 삶의 질을 높이는 핵심 요소가 되고 있다. 이러한 공원들은 시민들에게 휴식과 레크리에이션뿐만 아니라 다양한 커뮤니티 활동의 장을 제공하며, 환경 보전과 도시개발 간의 균형을 맞추는 데 중요한 역할을 한다.

우리나라의 국가도시공원 제도

우리나라는 2016년 「도시공원 및 녹지 등에 관한 법률」로 국가도시공원 제도를 마련했다. 그러나 아직 조성된 사례는 없다. 국가도시공원은 도시 자연경관 보호, 쾌적한 도시 환경 조성, 시민 건강 증진, 여가 생활 향상 등을 목표로 한다. 특히, 국가도시공원은 단순한 공원이 아니라, 도시민들에게 다양한 혜택을 제공하는 복합적인 공간으로 설계될 수 있다. 지역 생태 환경, 인구 밀도, 교통 체계, 문화·역사 자원을 고려한 맞춤형 공원으로 조성된다면, 이는 단순한 녹지 공간을 넘어 지역 사회의 커뮤니티 활성화에도 기여할 수 있다. 또한, 도시와 자연을 연결하는 통합적인 녹지 네트워크를 제공함으로써 도시민들의 삶의 질을 한층 높일 수 있을 것이다.

국가도시공원의 공간계획과 유형

국가도시공원의 공간계획은 이용자의 만족도를 높이는 핵심 요소다. 따라서 주변 환경과 연계하여 신중하게 설계해야 한다. 국가도시공원은 크게 두 가지 유형으로 나뉜다. 첫 번째는 자연보존형 국가도시공원으로, 생태공간을 중심으로 보전하여 다양한 생물 서식지를 보호하고 환경을 제공하는 형태다. 이는 생태학습과 체험 활동을 위한 공간으로 활용될 수 있다. 두 번째는 도시개발형 국가도시공원으로, 주변 도시 환경과 연계된 문화·역사적 공간이 중심이 된다. 이 유형은 도시의 역사와 문화를 보존하면서도 시민들에게 다양한 문화 활동의 기회를 제공하는 데 초점을 맞춘다. 이러한 국가도시공원의 분류에 적합한 사례를 해외 국가도시공원에서 살펴보기로 한다.

해외 사례: 핀란드와 일본의 국가도시공원

핀란드의 국가도시공원(National Urban Park, NUP)은 자연과 도시 환경이 조화를 이루도록 설계되었다. 지방자치단체가 신청하고 환경부가 승인하면 NUP로 지정되며, 공원의 소유권은 지자체, 공공기관, 민간 등이 가질 수 있다. 대개 생태적 자연경관, 역사적인 건축물, 지역 문화가 조화롭게 어우러진다. 핀란드에는 현재 9개의 국가도시공원이 운영되며, 지속 가능한 도시 계획의 중요한 사례로 평가받는다.

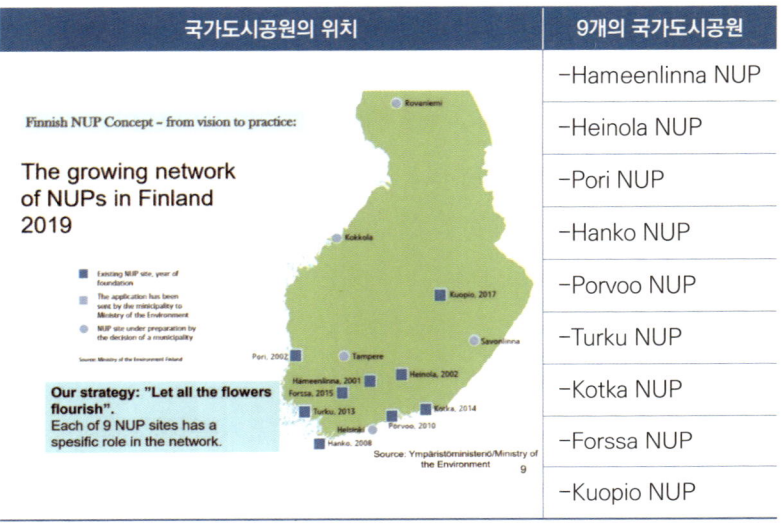

[그림 1] 핀란드 국가도시공원의 분포도
자료: https://www.europarc.org/(2023). 재인용

도시개발형 국가도시공원의 사례로는 일본의 국영공원(National Government Park)이 있다. 일본은 1976년 국영공원 제도를 도입했으며, 국영공원은 국가가 조성하고 관리하는 대규모 공원이다. 이는 크게 역사적 기념공원(Memorial Park)과 광역공원(Regional Park)으로 나뉜다. 국영공원의 조성 배경은 1950년대 중반부터 1970년대까지 일본의 급속한 경제 성장과 도시 개발로 인해 도시환경의 질이 떨어지고 대기오염이 극심해져 제반적인 사회문제를 개선하고자 만든 제도이다. 이를 계기로 1972년 '제1차 도시 공원 등 정비 5개년 계획'을 통해 국가의 중점 사업으로 도시 공원 조성 사업을 추진하게 되었다.

무사시 구릉 삼림공원(면적: 304ha)은 일본 최초의 국영 기념공원이며,

요도가와 하천 공원(면적: 238.8ha)은 국토교통성의 도시계획 정비 사업을 통해 조성된 최초의 국영 광역 공원이다.

[그림 2] 일본 국영공원의 분포도
자료: '사례로 본 한국 국가도시공원 조성 연구'(최혜영 외, 2022). 재인용

지금까지의 논의를 통해 알 수 있듯이 국가도시공원은 생태적 가치와 사회·문화적 기능이 조화를 이루는 공간이다. 이는 다양한 이용자에게 쾌적한 환경과 심리적 안정감을 제공한다. 공원은 도시와 자연을 연결하는 핵심 공간이다. 도시와 자연을 연결하는 완충공간으로서 급속한 기후 변화 대응과 탄소중립 실현을 위한 중요한 공원 정책으로 자리 잡아야 한다.

아파트 가격에 내재된 공원의 가치

왕인숙 | 머니우스 대표

1991년 처음 부동산 경매를 접한 이후로 지금까지 부동산 투자에 꾸준히 매진해 왔습니다. 그 과정에서 자연과 어우러진 휴식 공간의 중요성을 깊이 깨닫게 되었습니다. 소득 수준이 높아지고 삶이 풍요로워지면서, 자연과 인간의 조화에 대한 관심도 커졌습니다. 그 조화가 부동산 가치 형성에 얼마나 중요한 역할을 하는지 이해할 수 있었습니다.

지속적인 학습과 실전 경험을 통해 스스로 동기를 부여하는 힘을 키웠고, 그 과정에서 성취의 기쁨과 긍정적인 마인드를 자연스럽게 익히게 되었습니다. 현재는 '부동산 경매 스터디'라는 당근모임과 오픈채팅방을 비영리로 운영하며, 부동산 경매에 대한 지식을 함께 나누고 있습니다.

아파트와 녹지 공간의 중요성

　우리나라는 1960년대부터 본격적인 공업화를 추진하며 급속한 경제 성장을 이루었다. 경제가 발전하면서 도시는 빠르게 개발되고 팽창했다. 소득 수준이 높아지고 생활이 풍요로워졌지만, 그와 동시에 환경 문제가 심각하게 대두되었다. 이러한 사회적 변화 속에서 많은 도시민들은 자연과 함께할 수 있는 휴식 공간을 요구하기 시작했다. 특히 환경 문제에 대한 인식이 확산되면서, 아름답고 쾌적한 주거 환경에 대한 관심이 높아졌다. 이에 따라 도시공원과 같은 녹지 공간은 단순한 휴식처를 넘어, 도시민들에게 필수적인 생활 요소로 자리 잡게 되었다.

　집은 단순히 '사는 곳'이 아니라, 거주민에게 안락하고 편안한 환경을 제공해야 한다. 스위스에서 태어나 프랑스에서 활동한 건축가 르 코르뷔지에(1887~1965)는 집을 인간의 삶을 편리하게 만드는 도구로 보고, 현대적인 아파트 개념을 처음으로 고안했다. 그는 1차 세계대전으로 폐허가 된 파리를 재건할 때 '**빛나는 도시**(Ville Radieuse)'라는 도심 개발 프로젝트를 발표했다. 그의 계획은 도심에 초고층 아파트를 건설하고, 가로·

세로로 자동차 도로를 배치하는 현대식 도시 구조였다. 하지만 당시에는 너무 혁신적이라는 이유로 받아들여지지 않았다. 이후 30여 년이 지난 1963년, 한국 최초의 단지형 아파트인 마포아파트가 건설되었다. 르 코르뷔지에의 설계 개념을 본떠, 기와공장이었던 마포형무소 농장터를 주택용지로 변경하여 단지를 조성했다. 이곳에는 공원과 녹지, 운동장 등이 함께 조성되었으며, 이는 아파트 생활 속에서 커뮤니티 형성의 출발점이 되는 공간이었다. 오늘날과 같이 문화생활, 쇼핑, 레저 등을 한곳에서 해결할 수 있는 형태는 아니었지만, 향후 발전 가능성을 보여준 최초의 시도라는 점에서 큰 의미가 있다.

신경과학자이자 디자인 컨설턴트인 콜린 엘러드(Colin Ellard)는 저서 〈**공간이 사람을 움직인다**〉에서 이렇게 말했다. "장소는 사람들의 감정에 영향을 주고, 그 감정은 결국 우리의 결정에 영향을 끼친다." 즉, 집에서 느끼는 행복감과 안락함은 단순히 실내 구조뿐만 아니라, 주변 환경에 따라 크게 달라질 수 있다는 의미다. 쾌적한 녹지 공간이 조성된 환경은 거주자의 정서적 안정과 삶의 질 향상에 중요한 역할을 한다.

아파트 선호와 주거 가치의 변화

최근 통계에 따르면, 2023년 11월 기준 전국의 아파트 가구 수는 약 1,041만 가구에 달한다. 이는 전체 가구(약 2,207만 가구)의 47.1%로, 우리나라 국민 절반이 아파트에 거주하고 있음을 보여준다. 또한, 향후 거주하고 싶은 주택 유형을 조사한 결과, 48%가 아파트를 선호했고, 37%는 단독주택을 원한다고 응답했다. 이러한 통계를 보면, 아파트는 여전히 가장 인기 있는 주거 형태이며, 앞으로도 많은 사람들이 선호할 것으로 예상된다.

그렇다면, 왜 이렇게 많은 사람들이 아파트를 선택할까? 그 이유는 편리함과 경제적 가치 때문이다. 아파트는 생활이 편리할 뿐만 아니라, 시간이 지나도 값어치가 떨어지지 않는다는 믿음이 강하다. 우리나라에서 집의 가치는 단순한 주거 공간을 넘어, '재산'의 개념으로 인식된다. 그래서 사람들은 더 높은 가치의 아파트를 소유하기 위해 노력하며, 이를 위해 자주 이사를 다니기도 한다. 표면적으로는 더 나은 환경과 주거 조건을 이유로 들지만, 실제로는 부동산 가치 상승이 기대되는 지역으로 이동하는 경우가 많다.

우리나라에서 재테크의 대명사는 단연 아파트다. 도시 인구가 빠르게 증가하면서, 이를 수용하기 위한 대안으로 고층 아파트가 대량으로 공급되었다. 도심의 아파트 수요는 꾸준히 늘어났지만, 공급이 이를 따라가지 못하면서 가격은 폭등했다. 부동산 시장을 안정시키기 위해 정부는 더 많은 아파트를 전국적으로 공급했으나, 여전히 많은 도시에서 아파트 부족 현상이 나타나고 있다.

아파트 단지는 단순해 보이지만, 사실 매우 복잡하게 얽힌 주거 형태다. 한 단지 안에서 수백, 수천 명의 사람들이 함께 생활하며, 입주민 개

개인의 생활 방식과 패턴은 모두 다르다. 이론적으로는 개인의 라이프 스타일에 맞춰 주거 공간이 설계되는 것이 이상적이다. 하지만 현실에서는 오히려 사람들이 아파트 구조에 맞춰 살아야 하는 경우가 많다. 아파트의 주거 패턴은 일정한 형태로 정해져 있으며, 개개인은 그 틀에 맞춰 생활해야 하는 것이다. 많은 전문가들은 "대규모 아파트 건설만이 유일한 해결책은 아니다"라고 지적한다. 문제의 핵심은 아파트의 양이 아니라, 주거의 질이다.

 아파트는 정말 '모든 것을 갖춘 집'일까? 아파트를 선호하는 사람들은 아파트가 살아가는 데 필요한 모든 요소를 갖추고 있을 것이라고 생각하는 경향이 있다. 이 때문에 '몸만 들어가면 되는 집'이라는 인식이 크다. 그러나 가족 구성원마다 생활 방식이 다르며, 한 공간을 사용하는 시간대도 다르고, 중요하게 생각하는 가치도 다르다. 따라서, 단순히 집이 물리적으로 존재하는 것만으로는 충분하지 않다. 중요한 것은 집이 '사람' 중심으로 설계되고 활용되는가 하는 점이다. 아파트는 가능한 한 많은 사람들에게 적합하도록 일반화된 설계가 적용된다. 그러다 보니 사는 것도 쉽고, 파는 것도 쉽다. 수요와 공급이 늘 공존하기 때문에, 정책 변화나 경기 침체 같은 특수한 상황이 없는 한, 아파트 가격이 하락하는 일도 거의 없다. 이처럼, 거래가 쉬운 아파트는 거주민의 삶의 가치보다, 재테크 가치에 더 초점이 맞춰질 수밖에 없다.

아파트 구조와 도시 공간의 역할

 아파트는 구조적으로 각 방이 단절된 형태를 가지고 있다. 처음부터 모든 사람에게 적합하도록 설계된 건물이기 때문이다. 하지만 사람마다 집에 대한 생각과 추구하는 가치가 다르다. 정형화된 아파트 평면이 나와 우리 가족의 삶을 얼마나 풍요롭게 해줄 수 있을까? 도심에 거주하는 사람이라면 누구나 한 번쯤 복잡한 환경을 벗어나 한적한 곳에서 느긋한 삶을 살아보고 싶다는 생각을 한다. 특히, 고층 건물들이 빽빽이 들어선 삭막한 도심 환경은 많은 사람들에게 긴장감과 스트레스를 준다.

 이러한 도시 환경 속에서 '탈 아파트', '탈 도심'을 꿈꾸는 것은 어쩌면 당연한 일일지도 모른다. 하지만 이 모든 것을 버리고 새로운 곳으로 떠나는 것은 결코 쉬운 일이 아니다. 쇼핑, 의료, 문화 예술, 교육 등의 인프라가 잘 구축된 도심을 떠나는 것은 현실적으로 부담이 크기 때문이다.

 이러한 도시 거주자의 심리를 반영해, 최근 분양되는 도심 아파트에는 작은 변화가 생기고 있다. 단지 내에 소규모 공원이나 녹지를 조성하는 것이 대표적인 예다. 비록 인공적으로 조성된 공간이라 할지라도, 자연적인 요소가 단지 안으로 들어옴으로써 거주민들은 도심 속에서도 잠시나마 자연과 함께하는 기분을 느낄 수 있다. 이처럼 탈 아파트, 탈 도심을 꿈꾸는 사람들의 관심은 자연적인 요소로 집중되고 있다. 이에 따라, 건설사들은 이러한 요소를 강조한 분양 마케팅 전략을 적극 활용하고 있다.

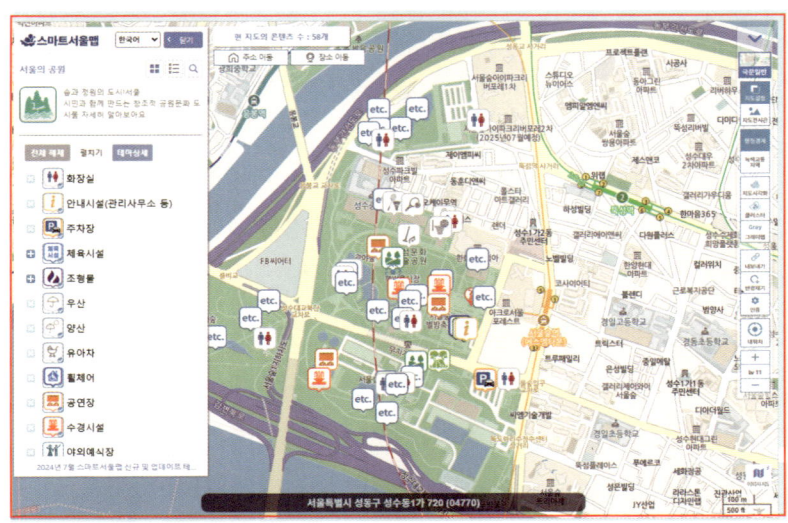

– 숲과 정원의 도시! 시민과 함께 만드는 창조적인 공원문화 도시 –
출처: 네이버

    도시 공간이란 무엇인가? 도시는 단순히 많은 사람들이 모여 사는 곳이 아니다. 건축물과 공간이 모여 있는 것이 전부도 아니다. 도시 공간은 그 자체로 역사와 이야기를 담고 있으며, 앞으로 어떻게 발전시켜 나갈지가 중요한 문제다. 도시는 단순한 주거지가 아니라, 인간과 문화, 역사가 공존하는 거대한 그릇인 것이다. 특히, 도시화가 진행될수록 공원과 녹지의 역할이 더욱 중요해진다. 도시 공간이란 넓은 의미에서 인간의 생활이 이루어지는 모든 활동 공간을 의미한다. 도시는 기본적으로 주거지 역할을 하면서, 경제 활동, 만남, 쇼핑, 교육 등 다양한 기능을 수용한다. 주거 공간이 아파트, 단독주택, 마을 등의 형태로 구성되듯, 근린 생활권을 추가하면 도시 공간의 개념은 더욱 확장된다. 만약 가정이 사회의 가장 기본적인 단위라면, 도시 공간은 경제 활동과 생산을 위한 핵심 무대라고 할 수 있다. 현대 사회에서는 도시의 고밀화(高密化)와 인공화(人工化)가 가속화되면서, 획일적인 생활환경이 조성되고 있다. 하지만 여가 시간이 증가함에 따라, 사람들은 점점 더 다양한 야외 활동 공간을 필요로 하고 있다.

도시 공간에서 자연적인 야외 자원은 대부분 공원과 녹지로 구성된다. 이러한 공원과 녹지는 단순한 휴식처가 아니다. 쾌적한 환경 조성과 도시민의 정서적 안정. 그리고 사회적 교류의 장, 이 세 가지 기능을 수행하며, 삶의 질을 향상시키는 중요한 공간이다. 특히 사람들이 모이는 것은 인간의 본능적인 습성 중 하나다. 그렇기 때문에 사람들이 모이고 휴식을 취하며 여가를 즐기는 대표적인 공간이 바로 도시 공원과 녹지 공간이다.

현대 도시는 고밀도 개발과 인공적인 구조물로 가득 차 있다. 이로 인해 일상생활이 단조로워지고, 삭막한 환경 속에서 살아가는 현대인들은 보다 쾌적한 공간을 요구하게 되었다. 결국, 도시에서 다양한 활동을 할 수 있는 공간은 공원과 녹지 공간으로 자연스럽게 집중될 수밖에 없다. 이러한 공원과 녹지는 단순한 녹색 공간이 아니다. 도시민이 원하는 쾌적한 환경을 조성하고, 심리적 안정과 정서적 풍요를 제공하는 핵심 요소다.

도시 공간과 공원의 가치

도시는 단순히 사람들이 모여 사는 공간이 아니다. 건축물과 도로가 모여 있는 장소를 넘어, 한 사회의 문화와 역사가 응축된 공간이다. 우리는 매일 스쳐 지나가는 도시 공간 속에서 수많은 역사와 이야기를 만나게 된다. 그렇기 때문에 도시를 앞으로 어떻게 가꿔나갈 것인가는 매우 중요한 문제다. 특히, 도시화가 빠르게 진행되는 현대 사회에서 도시공원과 녹지는 삶의 질에 직접적인 영향을 미치는 핵심 요소로 자리 잡고 있다.

여가시간에 모여 커뮤니티를 통해 소통하는 평촌신도시 중앙공원
출처: 네이버

도시에서 쉽게 접할 수 있는 대표적인 녹지 공간은 도시공원이다. 도시공원은 공공재로서의 역할이 크다. 많은 사람들이 자유롭게 이용할 수 있는 공동시설로서 경제적 가치로 환산되지 않더라도, 시간이 지날수록 그 영향력은 더욱 커지고 있다. 다양한 사회적 변화와 함께 도시공원의 필요성은 점점 더 커지고 있다.

- 교통 인프라 구축
- 국민 평균수명과 건강수명의 증가
- 주 52시간 근무제 도입으로 인한 여가 시간 증가
- 교통의 발달로 유동 인구 증가

이 모든 요소가 맞물리면서, 도시공원의 중요성은 해를 거듭할수록 더욱 강조되고 있다. 특히, 포스트 코로나 시대에는 실내보다 야외 공간을 찾는 사람들이 급증했다. 실제로, 판매·오락시설 이용률은 감소한 반면, 야외 공간 이용률은 51% 증가했다. 이제 도심 속 공원·녹지 시설의 역할은 단순한 휴식 공간을 넘어 필수적인 생활 공간으로 부각되고 있다.

도시를 설계할 때 녹지와 공원을 조성하는 것은 단순히 녹지 공간을 확보하는 것이 아니다.

공원은 환경재(環境財)의 한 요소로서, 사람들이 보다 주거 공간과 가까운 곳에서 자연을 접하고 싶어 하는 욕구를 충족시킨다. 하지만 공원 조성을 둘러싼 사회적 갈등도 존재한다. 이는 공원이 단순한 녹지가 아니라, 문화적 복합체로서 다양한 기능을 수행하는 공간이기 때문이다. 도시공원은 환경 문제 해결을 넘어, 사회 문제 해결과 도시 공동체 형성이라는 측면에서도 매우 중요한 역할을 한다. 즉, 도시공원은 단순한 녹지 공간이 아니라, 개발과 보존이 균형을 이루는 공간이다. 개발로 인해 발생하는 문제를 극복하고, 자연과 도시가 공존하는 특성을 살릴 수 있도록 공원의 효용 가치를 더욱 높여야 한다.

 부동산 연구에서도 주택 가격에 자연환경이 미치는 영향을 분석하고 있다. 연구에 따르면, 주택 구매자는 개별 환경 요소마다 가격을 따로 지불하지 않는다. 대신, 주택 전체 가격에 주변 환경의 가치가 포함되어 있다. 즉, 공원과 녹지 공간이 조성될수록 해당 지역의 부동산 가치도 상승할 가능성이 높다는 의미다. 따라서, 도시공원은 단순한 녹지를 넘어, 경제적·사회적·문화적 가치까지 내포한 공간이라고 할 수 있다.

인천의 해안가는 어디로 갔을까?

임정호 | 서울남부지방법원 집행관

숭실대학교 법학과를 졸업한 후 30여 년간 수도권 주요 법원에서 근무하며 다양한 법원 실무를 경험하였다. 한편 법원공무원교육원 교수와 법무사·법원행정고시 출제위원도 역임하였고, 법조 현장에서 깊이 있는 전문성을 쌓아왔다. 2023년 2월에 인하대학교에서 부동산학 석사 학위를 취득하였고, 현재는 같은 대학의 도시계획학 박사과정에 재학 중이다. 부동산과 도시계획, 그리고 이에 수반되는 법률문제를 연구하고 저술 활동을 하고 있다.

인천에서 나고 자란 필자는 어린 시절 친구들과 월미도나 연안부두 인근에서 대나무 낚시대로 망둥어를 낚던 추억이 있다. 가끔 손바닥만 한 우럭 새끼라도 걸려 올라오면 마치 로또에 당첨된 것처럼 기뻤고, 손가락만 한 작은 망둥어를 낚으면 미리 준비해 간 초고추장을 듬뿍 찍어 회로 먹었다. 망둥어는 생김새는 다소 투박하지만, 회로 먹으면 정말 맛있다. 오독오독한 식감과 씹을수록 고소한 맛이 일품인데, 이 맛을 아는 사람은 많지 않을 것이다. "먹어본 사람만 알겠지…." 그러나 요즘은 인천 인근에서 잡은 망둥어를 회로 먹는 사람은 거의 없다. 필자 역시 가끔 재미삼아 송도 신도시나 영종도 인근에서 망둥어 낚시를 하지만, 예전처럼 먹지는 않는다.

　필자는 인천 동구 송현동에서 태어나 그곳에서 유년 시절을 보냈다. 인천 동구는 중구와 더불어 바닷가에 가까운 지역이다. 특히 동구는 일제강점기와 1970년대에 갯벌을 매립해 공업단지가 조성되면서 만석부두, 화수부두, 두산중공업, 현대제철 등 각종 공장과 산업시설이 해안가를 따라 들어섰다. 인천 서쪽 해안도 비슷하다. 대부분 공장이나 항만 산업시설이 자리하고 있다. 지금은 시민들이 바다를 보며 여가를 즐길 수 있는 곳이 월미도나 소래포구 정도인 듯하다.

해안가에 산업시설이 들어서면 여러 가지 장점이 있다. 항만을 통해 원자재 수입이 용이하고, 가공 후 전국 각지로 운송하거나 해외로 수출하는 데도 유리하다. 그러나 많은 산업시설이 가동되면 필연적으로 각종 오염물질이 배출될 수 밖에 없다. 이처럼 인천은 우리나라 근대화와 산업화 과정에서 항구도시로서 중요한 역할을 해왔다. 인천 시민 입장에서 보면, 고향과 같은 바다를 내어주고 이룬 경제발전이니 이를 '희생'이라고 표현해도 지나치지 않을 것이다. 그래서일까, 인천에 살고 있는 대부분 사람들은 자신이 바닷가 근처에 살고 있다는 생각조차 하지 않고 지내는 듯하다.

인천은 외지인 비율이 높은 도시다. 수도권에서 집값이 가장 저렴한 곳이기도 하다. 서울과 경기도 집값이 올라가도 인천은 상대적으로 오르지 않는다. 그래서 '인천 집값이 오르면 부동산 상승이 끝물'이라는 말도 있다.

생활비가 저렴해 지방 서민들이 수도권으로 올라와 정착하기 좋은 곳이었기에, 70~80년대에는 부둣가 노동자, 구도심 시장의 보따리 장사로 살아가는 서민들의 도시였다.

몇 년 전, "이부망천(이혼하면 부천, 망하면 인천)[10]"이라는 부적절한 발언이 있었다. 인천 시민들은 그 표현에 분노했지만, 한편으로 자조 섞인 공감도 있어 더 씁쓸했던 기억이 있다.

---

10) '이혼하면 부천가고, 망하면 인천간다'라고 어느 정치인이 인천을 비유 말

하지만 2025년, 인천은 달라졌다. 인구 300만 명의 대도시가 되었고, 국제 경제도시로 성장 중이다. 송도, 영종도, 청라 신도시 개발이 활발하고, 구도심도 재개발과 재건축이 계속 진행 중이다. 원도심과 신도시의 균형 발전을 위한 '제물포 르네상스 프로젝트'도 발표됐다. 이제 우리는 인천의 바다, 해안가를 시민들에게 돌려줄 방안을 고민해야 한다.

대한민국의 바다는?

- 동해 바다: 수심이 깊고 파도가 높아 시원한 느낌.
- 남해 바다: 섬이 많고 해안선이 복잡하며, 청정수역으로 수산물 양식이 발달.
- 제주 바다: 에메랄드빛 풍경으로 세계 최고 수준의 아름다움.

그렇다면 서해 인천의 바다는?
중국에서 유입되는 황토로 물색은 탁하지만, 조수간만의 차가 커 넓은 갯벌이 형성된다. 잔잔한 물결에 햇살이 내려앉는 풍경은 마치 빛나는 보석처럼 아름답고, 붉게 물드는 저녁노을은 수채화 같다.
인천의 바다는 서정적이다.
이러한 감성을 살리는 도시가 되었으면 한다.

최근 인천 동구 만석동과 화수동 일대 해안에 수십 년간 군사·산업시설로 인해 일반 시민들의 접근이 어려웠던 곳에 수변 산책로와 해양 친수 공원이 조성되어 시민들에게 개방되었다. 앞서 밝혔듯, 그 인근이 고향인 필자로서는 무척 반가운 소식이다.

〈인천 동구 만석·화수 해안산책로 사업계획도 사진=동구제공, 경기일보〉

이 사업은 단계별로 동구 만석·화수동 해안에 산책로를 조성해 시민들에게 바다를 돌려주기 위한 취지로 추진되었으며, 파도 형상으로 제작된 데크를 전망대와 연결해 물치도(옛 작약도)와 영종도 등 인천 앞바다를 한눈에 조망할 수 있도록 했다. 인천의 바다와 해안가를 되살리는 의미 있는 사업이라고 생각한다.

〈바다를 조망할 수 있는 산책로〉

만석·화수 해안산책로 조성 사업과 더불어 주목할 만한 또 하나의 사업이 있다. 바로 "인천 내항 재개발 사업"이다. 인천항은 1883년 개항 이후, 1974년 서해의 큰 조수 간만의 차를 극복하고 대형 선박 접안을 돕기 위해 갑문을 설치하고, 국내 최초의 컨테이너 부두를 개장하는 등 선도적인 역할을 해왔다. 이후 인천 신항이 건설되면서 물동량의 상당수가 인천 신항으로 옮겨졌고, 이에 따라 인천 내항은 재개발에 들어갔다. 이를 통해 수변로, 역사광장, 해상 조망 테크 등 시민 누구나 이용할 수 있는 해양 문화 도심 공간이 조성될 것으로 기대된다.

출처: 해양수산부 보도자료

바야흐로 지금 인천은 온통 공사 중이다. 신도시와 구도심을 가릴 것 없이 곳곳에서 굴착기가 땅을 파고, 타워크레인이 끊임없이 건축 자재와 장비를 나르고 있다. 그래서 지금이야말로 가장 적절한 시기라고 생각한다. 신도시 개발과 구도심 재정비가 활발히 진행 중인 지금, 우리는 함께 머리를 맞대고 인천의 바다, 그리고 인천의 정체성을 되살릴 방안을 고민해야 한다. 이번 기회를 놓친다면 아마도 다음 기회는 50년, 아니 100년 뒤에나 찾아올지도 모르겠다.

도시, 미래를 그리다

1판 1쇄 발행 2025년 7월 4일

저자 변병설 · 김선석 외 공저

편집 윤혜린　**마케팅·지원** 이창민

펴낸곳 (주)하움출판사　**펴낸이** 문현광

이메일 haum1000@naver.com　**홈페이지** haum.kr
블로그 blog.naver.com/haum1000　**인스타그램** @haum1007

ISBN 979-11-7374-092-3(03330)

좋은 책을 만들겠습니다.
하움출판사는 독자 여러분의 의견에 항상 귀 기울이고 있습니다.
파본은 구입처에서 교환해 드립니다.

이 책은 저작권법에 따라 보호받는 저작물이므로 무단전재와 무단복제를 금지하며,
이 책 내용의 전부 또는 일부를 이용하려면 반드시 저작권자의 서면동의를 받아야 합니다.